小学作文怎样教

陈郭恒———著

HOW TO TEACH
ELEMENTARY SCHOOL COMPOSITION

中国言实出版社

图书在版编目(CIP)数据

小学作文怎样教 / 陈郭恒著 . -- 北京：中国言实
出版社, 2022.10
ISBN 978-7-5171-4179-2

Ⅰ.①小… Ⅱ.①陈… Ⅲ.①作文课—教学研究—小
学 Ⅳ.①G623.242

中国版本图书馆 CIP 数据核字（2022）第 197097 号

小学作文怎样教

责任编辑：史会美
责任校对：李 岩

出版发行：中国言实出版社
地 址：北京市朝阳区北苑路180号加利大厦5号楼105室
邮 编：100101
编辑部：北京市海淀区花园北路35号院9号楼302室
邮 编：100083
电 话：010-64924853（总编室） 010-64924716（发行部）
网 址：www.zgyscbs.cn 电子邮箱：zgyscbs@263.net

经 销：新华书店
印 刷：北京虎彩文化传播有限公司
版 次：2025年4月第1版 2025年4月第1次印刷
规 格：880毫米×1230毫米 1/32 5印张
字 数：100千字

定 价：49.80元
书 号：ISBN 978-7-5171-4179-2

因作文而结缘的教育之路

当您翻开这本书，我想，您或许和我一样，对教育满怀热忱与情怀。无论是身为语文教师，还是作为关心孩子成长的家长，我们都在以各自的方式在教育这片广阔天地中耕耘着。

身为一名乡村教师，我已走过不惑之年，即将步入知天命的阶段。回首近三十年的从教生涯，可谓百感交集。常言"太上有立德，其次有立功，其次有立言"，在立德的道路上，我始终坚守本心，矢志不渝；在立功的使命里，我牢记教育的重任，砥砺前行。而如今，正是我通过立言，将自己的教育感悟与经验分享出来的时刻。

在小学担任语文老师，还兼任班主任，其中的艰辛旁人难以体会。每天，备课、上课、批改作业已让我们忙得不可开交，还要兼顾培优补差，处理班级里林林总总的琐碎事务，常常忙到连喝水的时间都没有。面对孩子们那一双双清澈纯净的眼睛，我们不仅要传授知识，做"经师"，更要塑造他们的品德，做人师，甚至在他们心理出现波动时，义不容辞地充当心理咨询师，努力成为他们的知心人和引路人，以期成为真正的"大先生"。

我深知语文老师的忙碌，您能从繁忙的工作和家务中抽身，来到书店或图书馆，翻开这本书，与您在此"相遇"，对我而言是一种幸运。这看似偶然的机缘，实则蕴含着必然，因为我们都对教育初心不改。

如果您不是老师，那大概率是为人父母。在工作之余，操持好家中的柴米油盐已属不易，还能惦记着孩子写作文的烦心事，您一定是位了不起的家长。养儿育女是父母的天职，教书育人是老师的本分，我们都在为孩子的成长全力以赴。

语文教学涵盖字、词、句、篇章、语言、修辞、逻辑、作文等诸多方面，而作文教学堪称其中最为棘手的难题。老师怕教，往往高耗低效，吃力不讨好；学生怕写，绞尽脑汁也难以表情达意。所以，探讨作文该怎么教，十分必要。

说起来，我能成为一名语文老师，与作文有着莫大的渊源。小学一、二年级时，我是那种做操列队在前排、考试成绩靠后的"潜能生"。直到三年级学作文，连造句都困难的我，从哥哥订阅的《作文报》里抄了一篇同题作文，没想到老师竟把它当作范文在全班宣读，我一下子成了老师口中"奋发图强的好学生"，那种被羡慕、被敬畏的感觉，让年少的我虚荣心极度膨胀。

在 20 世纪 80 年代，订报刊的同学不多，抄袭的秘密无人知晓。为了延续这种"荣光"，此后写作文我便从《作文报》《小学生作文选》中东抄西摘，甚至翻遍大哥、二哥的作文簿。当然，不再敢抄整篇，而是小心翼翼地摘录精彩句段。或许正因如此，翻书阅读多了，摘抄积累多了，作文被宣读多了，我的语文成绩渐渐好了起来。

从那以后，我的学习之路仿佛开了挂，从组长到班长，再到学校大队长。若干年后报读师范院校，阅读席慕蓉、汪国真、海子等诗人的作品，我也开始在报纸上发表文章。谁能想到，一篇作文改变了我的命运，让我走上讲台成为语文教师。更没想到，从教两三年后，我的学生也开始在《作文报》上发表作文。而从教二三十年后的今天，我专门为作文教学写下了这本《小学作文怎样教》。

作为语文老师，我写的这本书没有艰涩的理论，只求通俗好懂，希望能得到教育同行的批评指正，也希望学生和家长易学易用、行之有效。最后，我要把这本书献给当年把我

< 3 >

抄的作文当作范文宣读的王老师，是您的良苦用心，让我长大后成了您。同时，也献给多次提宝贵意见的黄海燕老师，以及粉丝读者陈籽辛同学……因为有大家的鞭策、鼓励和帮助，这本书才得以付梓。

"寻常岁月诗，不要相信手掌的纹路，但我坚信手掌的力量。"很多事情不是看到希望才去坚持，而是坚持了才有希望。愿这本书能成为我们在教育之路上的交流桥梁，与君共勉。

前　言

在小学阶段教授作文是一项重要的任务，因为它不仅可以培养学生的语言表达能力，还可以促进他们的思维发展和情感表达。然而，在教授小学生作文时，需要考虑到他们的年龄特点和认知水平，因此，如何设计合适的教学方法尤为重要。

在小学作文教学中应该注重启发学生的思维，激发他们的写作兴趣。通过让学生观察生活、思考问题、感悟情感等方式，引导他们从日常生活中获取写作素材，激发写作的灵感和创造力。同时也要注重引导学生正确认识写作的目的和意义，让他们明白写作不仅仅是一种语言技能，更是一种表达自我的方式，有助于提高自身的综合素养。

写作是一项持之以恒的活动，需要学生坚持不懈地练习和反思。因此，可以通过定期布置作文任务、组织作文比赛等方式，培养学生的写作习惯，激发他们对写作的热爱。同时，也要注重及时给予学生积极的鼓励和肯定，让他们对自己的写作能力充满信心，敢于表达自己的想法和情感。

本书旨在提供一些有用的技巧和指导，帮助小学生在写作方面取得更大的进步。本书探讨了不同类型的作文，包括记叙文、议论文和说明文等。此外，本书还强调写作的乐趣和创造性，让孩子们在写作中体验到成就感和自信心。

作者在写作本书的过程中，借鉴了许多前辈的研究成果，在此表示衷心的感谢。若有不足之处，敬请广大读者斧正。

目　录

第一章 作文教学基础认识

第一节　作文概述

作文是一种书面表达方式，旨在通过文字对某一主题、观点或问题进行阐述、分析和说明。它是语言思维的产物，承载着作者的情感、思想和观点，并通过文字的排列组合来传达给读者。

一、作文是一种交流的工具

作文是一门综合性学科，旨在培养学生的语言表达能力和思维能力，其承载着交流的重要使命。从中小学语文学科的性质来看，作文不仅仅是一种学习的工具，更是一种交流的工具。它不仅仅是一篇文字的堆砌，更是学生内心世界的抒发和与他人沟通的桥梁。

在作文中，学生们调动自己的生活积累和知识经验，通过语言文字表达自己的情感、认知、观点和主张[①]。作文中的"表情"不仅仅是简单的情感外露，更是对生活、对客观

---

① 　王永珍.提升小学语文写作水平的教学方法探讨[J].学周刊，2022（21）：82-84.

事物深刻理解的体现。而"达意"则是表达自己对生活、对客观事物的认识和思考，这需要学生在语言表达上有所突破，使得读者能够清晰地理解作者的意图。

冰心言："心里有什么，笔下写什么。"这句话恰如其分地诠释了作文的本质。作文不应该是生硬的机械工具，而应该是学生内心世界的真实写照。只有在这样的情况下，作文才能成为真正意义上的交流工具。而"真诚交流"则是作文的灵魂所在。只有在真诚的基础上，才能实现作者与读者之间的心灵契合，才能使作文达到预期的效果。

因此，作文不仅仅是一种写作技巧的展示，更是学生心灵的流淌。在这个过程中，学生不断地汲取生活的养分，不断地磨炼自己的语言表达能力，使得自己的思想能够得以传达。同时，通过作文这种形式，学生也在与他人进行交流，与他人分享自己的情感和认知，从而促进了彼此的心灵沟通，加深了彼此的理解，实现了真正意义上的交流与交融。

二、作文是不拘形式地写下自己的见闻、感受和想象

新课程标准对于作文的要求给了我们更广阔的写作空间，强调了不拘形式地表达自己的见闻、感受和想象。这一要求实质上是为了鼓励学生发挥自己的想象力和创造力，不

受传统作文形式的限制，让他们能够更自由地表达自己的内心世界。

在这个标准中，关键词是"不拘形式"。这意味着学生可以根据自己的喜好和特点选择适合自己的写作形式，可以是记叙文、议论文、说明文，也可以是诗歌、散文、小说，甚至是漫画、音乐、影像等。这种开放的写作方式不仅能够满足学生的个性化需求，也能够激发他们的写作热情和创造力。

而要求"写下自己的见闻、感受和想象"则强调了作文的真实性和个性化。学生可以根据自己的生活经历、感受和想象，写出真实而有趣的作品。他们可以从日常生活中的点滴细节中汲取灵感，表达自己对生活的理解和感悟，也可以通过想象描绘出丰富多彩的世界，展示自己独特的思维和创意。

同时，标准中还提到了"把自己觉得新奇有趣或印象最深、最受感动的内容写清楚"，这要求学生在写作过程中注重选材和细节，将那些自己觉得有趣或感动的事物生动地描绘出来，让读者能够真实地感受到作者的情感和观点，产生情感共鸣。

新课程标准对作文的要求体现了对学生个性发展和创

造力培养的重视，为他们提供了更广阔的写作空间和更自由的表达方式，旨在培养学生的独立思考、自主学习和创新能力，促进他们全面发展。让作文不再是枯燥乏味的任务，而是一个充满乐趣和挑战的创作过程，是学生自我展示和交流的平台，也是他们与世界沟通和交流的桥梁。

第二节　当前作文教学现状

在语文教学体系中，作文教学占据着极为关键的地位，它不仅是对学生语言文字综合运用能力的检验，更是培养学生思维能力、创新能力与情感表达能力的重要途径。然而，审视当下小学生作文教学的实际状况，一系列问题亟待解决。

一、小学作文教学的现状分析

（一）作文教学随意性大，教师对学生的主体作用认识不足，发挥不到位

当前小学作文教学存在着一定问题，其中，作文教学的随意性较大，发挥不到位是一个突出的现象。这种情况在一定程度上影响了学生的写作水平和写作兴趣，需要引起重视和改进。

在一些学校和教学实践中，作文教学往往缺乏系统性和规范性，教师的教学方法和策略存在着较大的随意性。有些教师缺乏系统的教学计划和教学设计，有效的教学手段和教

学资源，导致作文教学的质量参差不齐，教学效果不佳。同时，一些学校和教师过于注重对学生写作技巧和格式的灌输，忽视了对学生写作主体性和个性化的培养，使得学生的写作能力得不到有效提升。

在一些教学实践中，教师往往过分强调自己的教学观念和教学方法，将学生视为被动的接受者和执行者，缺乏对学生写作主体性的重视和认识，忽视了学生的个性特点和写作需求，使得学生在写作过程中缺乏自主性和创造性，写作作品缺乏个性化和独特性。同时，一些教师在批改作文时往往过于依赖标准答案和评分标准，忽视了学生的思维过程和写作价值，给学生带来了不良的心理影响，抑制了学生的写作兴趣和创作积极性。

（二）作文教学形式单一，训练无重点，指导不到位

当前小学作文教学存在着作文教学形式单一、训练无重点、指导不到位等问题，这些问题严重影响了学生的写作水平和写作能力的培养。因此，有必要从作文教学的角度出发，针对这些问题进行深入分析和探讨，并提出相应的改进措施，以促进小学作文教学的全面提升。

作文教学形式单一。当前的小学作文教学往往以传统的课堂讲授和模仿式练习为主要形式，缺乏多样化的教学手段

< 7 >

和活动方式。学生在这样单一的教学环境下，难以激发写作的兴趣和积极性，限制了他们写作能力的发展。因此，有必要通过多种形式丰富作文教学的内容和方式，如采用小组讨论、写作比赛、作文展示等活动，激发学生的写作热情，拓展他们的写作视野，提高他们的写作水平。

训练无重点。在小学作文教学中，往往存在着训练内容杂乱、重点不明确的问题。教师在教学过程中往往将写作技巧、写作方法和写作素材混为一谈，缺乏系统性和层次性，导致学生在写作训练中无法抓住重点，难以融会贯通。因此，有必要通过科学的教学规划和合理的训练安排，明确作文教学的重点和难点，有针对性地进行训练和指导，帮助学生系统地掌握写作技巧和方法，提高写作水平。

指导不到位。教师往往缺乏对学生个体差异的充分了解和指导，导致出现指导不到位的问题。一些学生可能缺乏写作基础，写作能力较差，需要教师有针对性地进行个性化指导和帮助；而一些学生可能具有较强的写作能力，需要教师提供更深层次的挑战和指导[①]。因此，有必要通过建立个性化的写作指导机制，针对不同学生的写作特点和需求，开展

---

① 孙利梅.提高小学语文写作能力的策略[J].小学生作文辅导（读写双赢），2020（01）：51.

个性化的写作指导和辅导，帮助每个学生在写作中发挥自己的潜力，实现个性化的写作目标。只有通过全面深入地改革小学作文教学的内容、形式和方法，才能更好地提升学生的写作水平和写作能力。

（三）学生怕写作文的心态比较严重，教师怕教作文的心态依然存在

当前小学作文教学存在着学生怕写作文，教师怕教作文的问题。这种情况在一定程度上制约了小学作文教学的有效开展和学生写作能力的提升。因此，有必要从教学方法、教学氛围等方面进行深入分析和探讨，积极采取措施，改变学生和教师的这种心态，促进小学作文教学的改进和提升。

学生怕写作文的心态比较严重。在当前的小学教学实践中，许多学生对于写作文存在着一种恐惧和厌恶的心态，他们觉得写作文是一件非常困难和痛苦的事情，缺乏写作的自信和兴趣。这种心态主要源自以下几个方面：一是学生缺乏对写作的正确认识，认为写作是一种枯燥乏味的任务，缺乏对写作的积极态度和主动性；二是学生缺乏写作的有效方法和技巧，不知道如何开始和组织写作，感到无从下手；三是学生面临着较大的学习压力和竞争压力，需要花费大量的时间和精力来学习其他学科的知识，写作往往成为他们学习负担中的一部分。因此，我们有必要通过改变教学方式、营造良好的教学氛围等措施帮助学生树立正确的写作观念，培养积极的写作态度，激发他们的写作兴趣和热情。

教师怕教作文的心态依然存在。一些教师对于作文教学存在着一定的恐惧和犹豫心态，他们觉得作文教学比较困难和复杂，往往缺乏教学信心和教学方法。一是教师缺乏对于作文教学的系统性和深入性认识，不知道如何科学地组织和开展作文教学；二是教师缺乏作文教学的有效方法和手段，不知道如何引导学生进行写作训练，往往无法解决学生写作中的问题和困惑；三是教师面临着较大的教学压力和评价压力，担心自己的教学效果无法得到认可，这往往影响了他们的教学积极性和创造性。因此，有必要通过加强教师培训、提高教师教学水平等措施，帮助教师树立正确的教学观念，增强教学信心，提高教学能力，从而更好地开展作文教学工作。

（四）作文起步晚，训练无层次、无序列

当前小学作文教学存在作文起步晚、训练无层次、无序列等问题。一方面，在当前教育体制下，学校往往过分注重学生的知识考试成绩，而忽视了学生的综合素养和能力培养。因此，作文教学往往被边缘化，被视为次要的教学内

容，起步晚，训练无层次、无序列。另一方面，教师教学方法和课程设计的不足也是造成作文起步晚、训练无层次、无序列的重要原因。一些教师缺乏对于作文教学的系统性和深入性认识，不知道如何科学地组织和开展作文教学，导致作文教学内容杂乱。同时，教师在教学过程中缺乏对学生个体差异的充分了解和指导，过分强调标准答案和评分标准，忽视了学生的写作主体性和个性化需求。

要解决作文起步晚、训练无层次、无序列的问题，需要从教学理念和教师教学方法等方面入手，全面推进作文教学改革，为学生提供更加科学、系统、有效的作文教学。

（五）教法陈旧，学生的主体作用和教师的主导作用均未得到有效发挥

当前作文教学问题的原因之一是教法陈旧，学生的主体作用和教师的主导作用均未得到有效发挥。在作文教学中，学生的主体作用和教师的主导作用应该相辅相成，但现实情况是两者未能有效结合。这种情况导致了作文教学方法的单一和教学效果欠佳。

教法陈旧是导致作文教学问题的一个重要原因。许多学校和教师仍然沿用传统的作文教学模式，即"教师命题—学生写作—教师批改"的"三步曲"。这种教学模式过于单一，缺乏创新性和灵活性，使得整个作文教学过程缺乏有效的互动和交流，学生缺乏写作的积极性和主动性，教学效果不尽如人意。

另外，在作文教学中，学生应该是主体，教师则应该发挥主导作用，引导学生进行写作训练和指导学生提高写作水平。然而，一些作文教学中，学生的主体作用被削弱，教师的主导作用过于突出，导致学生缺乏写作的自主性和创造性，无法充分发挥自己的潜力，作文教学效果不理想。

（六）作文教学没有与阅读教学密切配合

当前作文教学问题的原因之一是作文教学没有与阅读教学密切配合。语文课程标准强调了积累对阅读教学的作用，而作文教学则应该是阅读教学的延伸和运用。然而，在实际的教学中，阅读和写作往往出现脱节的现象，学生不能将从阅读中所学的知识和能力有效地运用到作文中。

作文教学与阅读教学脱节的问题主要源于教学内容和教学方法的不协调。在课堂教学中，一些教师过于注重对学生的写作训练，忽视了对学生阅读能力的培养。他们往往只注重学生的写作技巧和写作方法，而忽视了学生对于阅读材料的理解和分析能力。因此，学生在写作时缺乏对于阅读材料的积累和运用，导致作文内容空洞，缺乏深度和内涵。

作文教学与阅读教学脱节的问题还体现在教学设计和教学活动的不统一。一些教师往往将阅读教学和写作教学划分为两个独立的部分，缺乏有效衔接和过渡。他们往往将阅读活动和写作活动分开进行，没有将阅读材料与写作任务紧密结合起来，导致学生在写作过程中缺乏对阅读材料的参考和借鉴，作文内容与阅读内容脱节。

二、小学作文的教学对策

（一）更新观念，增强作文教学的实效性

更新教育观念，正确认识作文教学的地位和作用。作文教学是语文教学的重要内容之一，是培养学生语言文字表达能力、思维能力和创造能力的重要途径。因此，教育者应该正确认识作文教学的地位和作用，将其纳入教育教学的重要议程，加强对作文教学的重视和关注。

倡导科学的作文教学理念和方法。教师应该根据学生的年龄特点和认知水平合理设置写作任务和活动，引导学生积累写作经验，提高写作技能。同时，教师还应该注重对学生写作过程的引导，注重对学生写作作品的评价和反馈，帮助学生发现和纠正错误。只有倡导科学的作文教学理念和方法，才能有效提高作文教学的实效性，取得良好的教学效果。

（二）制订科学的教学计划和课程标准

科学的教学计划和课程标准能够明确作文教学的目标、内容和方法，指导教师进行有效的教学活动，促进学生作文能力的全面提升。

科学的教学计划和课程标准应该明确作文教学的目标。作文教学的目标应该与学生的年龄特点和认知水平相适应，既注重培养学生的写作能力和写作兴趣，又注重发展学生的思维能力和创造力。因此，教学计划和课程标准应该明确作文教学的总体目标和具体目标，明确学生在写作方面应该达到的能力要求和水平标准，为教师的教学活动提供明确的指导和依据。

科学的教学计划和课程标准应该明确作文教学的内容。作文教学的内容应该包括写作技巧、写作方法、写作类型等方面的内容，既注重学生基础写作能力的培养，又注重学生写作水平的提高。因此，教学计划和课程标准应该明确作文教学的内容体系和知识框架，明确每个学习阶段学生应该学习的具体内容和要点，为教师的教学活动提供清晰的教学内容和教学重点。

科学的教学计划和课程标准应该明确作文教学的方法。作文教学的方法应该灵活多样，既注重教师的引导，又注重

学生的自主探究和创造性表达。因此，教学计划和课程标准
应该明确作文教学的教学方法和教学策略，指导教师根据学
生的实际情况和需求，采用不同的教学方法和手段，提高教
学效果和教学实效性。只有科学制订教学计划和课程标准，
明确作文教学的目标、内容和方法，才能有效提升作文教学
的质量和效果。

（三）注重学生阅读能力的培养

阅读能力是作文能力的重要基础，学生只有具备了良好
的阅读能力，才能有充分的素材和经验进行写作，提高作文
质量和水平。因此，教师应该通过多种方式和途径培养学生
的阅读能力，提高他们的阅读水平和阅读理解能力。

教师可以通过精心选择和设计阅读材料，激发学生的阅
读兴趣和阅读热情。阅读材料应该贴近学生的实际生活和兴
趣爱好，具有一定的趣味性和吸引力，能够引起学生的兴趣
和注意力。同时，教师还可以通过讲故事、播放录音、展示
图片等方式，活跃课堂氛围，提高学生的学习积极性和主动
性，促进学生阅读习惯的形成和发展。

教师可以通过引导学生进行阅读分析和阅读理解，提高
他们的阅读能力和阅读水平。教师可以结合课堂教学和课外
阅读，设计一些针对性强、趣味性高的阅读活动和任务，引

导学生进行阅读分析和阅读理解，培养他们的批判性思维和创造性思维，提高他们的阅读水平和阅读能力。同时，教师还可以结合学生的实际情况和需求，设计一些个性化的阅读训练和辅导活动，帮助学生解决阅读中的困惑和难题。

教师可以通过评价和反馈，引导学生进行阅读反思和阅读总结，从而指导他们发现和纠正问题，提出改进意见和建议，帮助他们提高阅读水平和阅读能力。同时，教师还可以组织学生进行阅读交流和阅读分享，促进他们相互学习和相互进步，共同提高阅读水平和阅读能力。

（四）加强教师培训和专业发展

作文教学是一项复杂的任务，教师需要具备丰富的教学经验和专业知识，才能够有效地引导学生进行写作，提高他们的写作水平和写作能力。因此，教育管理部门和学校应该加强对教师的培训以促进其专业发展，提高他们的作文教学能力和水平，为解决当前小学作文教学存在的问题提供有力保障。

加强教师培训，提高教师的作文教学水平。教育管理部门和学校可以组织各类作文教学培训和研讨会，邀请专家学者和有经验的教师开展讲座和交流，介绍最新的作文教学理念和方法，分享有效的教学经验和案例，增强教师对作文教学的认识和理解。同时，学校还可以组织教师进行实地观摩和教学实践，提高他们的作文教学水平和实效性。

促进教师专业发展，提高教师的作文教学能力。教育管理部门和学校可以建立完善的教师专业发展体系，包括评聘晋级、培训奖励、学术交流等方面的政策和制度，为教师提供广阔的发展空间和平台，激发他们的教学热情和创造力，提高他们的作文教学能力和水平。同时，学校还可以建立教师教学档案和教学评价体系，对教师的作文教学进行全面评估和指导，及时发现和解决问题，促进教师的专业成长和发展。

教育管理部门和学校可以加强对教师的招聘和选拔，培养一批优秀的作文教学骨干和带头人，从而提升全校教师的教学水平和教学效果。同时，学校还可加强教师的岗位培训，为教师提供持续的学习和成长机会，不断提高他们的专业素养和教学水平。

（五）激发学生写作兴趣和热情

学生对写作的兴趣和热情直接影响着他们的学习动力和写作表现。因此，教师应该通过多种途径和方法，激发学生的写作兴趣和热情，促进他们主动参与到写作活动中来。

教师可以通过选择富有趣味性和吸引力的写作话题，激发学生的写作兴趣和热情，还可结合学生的年龄特点和认知水平，设计一些生动有趣的写作话题，引导学生展开想象和创造。

教师可以在课堂教学中营造积极向上的学习氛围，倡导尊重、合作、创新的学习理念，鼓励学生敢于表达和大胆尝试，培养他们积极乐观的学习态度和写作心态。同时，教师还可以组织一些有趣的写作活动和比赛，提高他们参与写作的积极性和主动性。

教师要及时对学生的写作作品进行肯定和鼓励，激发他们继续努力和进步的信心。同时，教师还可以为学生提供合理的写作目标和挑战，激发他们的写作潜力和创造力。

第二章　记叙文写作

第一节　记叙文的特点和结构

记叙文，作为一种基础且广泛应用的文体，在我们的学习、生活与阅读体验中占据着重要地位。从儿时聆听的童话故事，到日常阅读的文学作品，乃至新闻报道、个人传记等，记叙文的身影无处不在。它以叙述事件、刻画人物为主要手段，通过生动的情节和具体的描写，将读者带入特定的情境之中，让读者在阅读过程中感受故事的魅力，领悟其中蕴含的情感与道理。

一、记叙文的特点

（一）以叙述为主要表达方式

记叙文最显著的特点就是以叙述为主要表达方式，通过讲述事件的发生、发展过程来传达信息和表达情感。

叙述在记叙文中占据主导地位，无论是简单的生活小事，还是复杂的历史故事，都依靠叙述来呈现。例如，在一篇描写小学生参加校园运动会的作文中，作者这样写道："那天，阳光明媚，校园里热闹非凡。运动会在激昂的运动员进行曲中拉开了帷幕。首先进行的是 100 米短跑比赛，只见运动员们站在起跑线上，个个摩拳擦掌，跃跃欲试。随着一声清脆的枪响，他们像离弦的箭一般冲了出去。小明同学一马当先，他步伐矫健，快速地摆动着双臂，向着终点全力冲刺。"这段文字通过详细叙述运动会的开场以及 100 米短跑比赛的过程，将当时的场景生动地展现出来，让读者仿佛身临其境。

叙述时，通常按照事件发展的先后顺序，依次介绍事件的起因、经过和结果，使文章条理清晰，读者易于理解。但在实际写作中，为了增加文章的趣味性和吸引力，也会运用倒叙、插叙等叙述方式。

倒叙是先交代事件的结局或某个重要情节，然后再回过头来叙述事件的起因和经过。比如，一篇回忆童年趣事的作文开头写道："每当我看到那只破旧的风筝，就会想起那个难忘的春天，那件令我至今都忍俊不禁的趣事。"这种倒叙的方式能够迅速抓住读者的好奇心，引发读者继续阅读的兴趣。

插叙则是在叙述主要事件的过程中，暂时中断叙述线索，插入一段与主要情节相关的内容，然后再接着原来的叙述继续进行。例如，在叙述一次家庭旅行时，作者插入了一段关于某个景点历史典故的介绍，丰富了文章内容，使读者对旅行有了更深入的了解。

（二）以写人、记事、写景、状物为主要内容

1. 写人

记叙文常常通过对人物的描写来展现人物的性格特点、精神品质等。人物描写包括外貌描写、语言描写、动作描写、心理描写等多种方法。

以外貌描写为例："我的同桌是个可爱的小女孩，她有着一头乌黑亮丽的长发，总是扎着一个高高的马尾辫，走起路来一甩一甩的。圆圆的脸蛋上镶嵌着一双水汪汪的大眼睛，笑起来眼睛就眯成了一条弯弯的月牙儿，十分迷人。"这段外貌描写生动地刻画了同桌可爱的形象。

语言描写能够直接展现人物的性格和思想，如在描写两个小朋友争论问题时，一个小朋友说："我觉得这个答案肯定是对的，书上就是这么写的。"另一个小朋友则反驳道："可是老师讲的和书上的不太一样，我们应该再仔细想想。"通过这样的语言描写，两个小朋友不同的性格特点跃然纸上。

动作描写能让人物更加鲜活，如"他弯下腰，双手紧紧地握住篮球，然后猛地向上一跳，将球用力地投向篮筐"。

一个简单的投篮动作，通过细致的描写变得生动形象。

心理描写则深入人物内心，揭示人物的情感和想法，如"当老师宣布考试成绩时，我的心里像揣了一只小兔子，怦怦直跳，既期待又紧张，生怕自己考得不好"。

2. 记事

记事是记叙文的核心内容之一。所记之事可以是亲身经历的，也可以是听闻的。

事件要具有一定的完整性，有明确的起因、经过和结果。比如，一篇写小学生参加社区志愿者活动的作文，详细叙述了活动的起因是社区组织关爱孤寡老人的行动，经过是同学们分组去老人家里帮忙打扫卫生、陪老人聊天，结果是老人们脸上洋溢着幸福的笑容，同学们也从活动中体会到了帮助他人的快乐。

在叙述事件过程中，要注意突出重点，对关键情节进行详细描写，避免平铺直叙。

3. 写景

写景能够营造氛围，烘托人物心情，为事件发展提供背景。

描写景物时，要善于抓住景物的特点，运用多种修辞手法，使景物描写生动形象。例如，"春天的公园，到处都是生机勃勃的景象。嫩绿的小草从土里探出了脑袋，好奇地张望着这个世界。五颜六色的花朵竞相开放，红的像火，粉的像霞，白的像雪，它们散发出阵阵迷人的香气，吸引了许多蜜蜂和蝴蝶在花丛中翩翩起舞。河边的柳树垂下了柔软的枝条，像一位位婀娜多姿的少女在梳理着自己的长发。微风吹过，湖面泛起层层涟漪，波光粼粼，美丽极了。"这段文字通过对春天公园中草、花、柳树、湖面等景物的描写，展现了春天的美丽和生机，同时也烘托出人们愉悦的心情。

4. 状物

状物就是对物品、动物等进行描写。描写时要按照一定的顺序，如从上到下、从外到内等，细致地描绘出物体的形状、颜色、质地等特征。以描写一只小狗为例："我家有一只可爱的小狗，它浑身长满了雪白的绒毛，摸起来软绵绵的，像一个毛茸茸的小团子。它的脑袋圆圆的，两只耳朵耷拉着，一对黑宝石般的眼睛又大又亮，总是闪烁着好奇的光芒。它的鼻子黑黑的，湿湿的，嗅觉十分灵敏。一张小小的嘴巴里长着一排锋利的牙齿，每当它高兴的时候，就会伸出长长的舌头，不停地舔着我的手。"这段描写将小狗的外形特征刻画得栩栩如生。

（三）以事件发展为线索

记叙文通常以事件发展为线索，将文章中的各个部分串联起来，使文章成为一个有机的整体。线索可以是具体的事物，也可以是人物的情感变化、时间的推移、地点的转换等。

以具体事物为线索的例子，如一篇作文以"一本旧相册"为线索，通过相册中的一张张照片，回忆起过去的美好时光，串联起不同的事件。

情感变化也可以作为线索，如在一篇写学生参加演讲比赛的作文中，作者的情感从最初的紧张害怕，到比赛过程中的逐渐自信，再到最后获得成功后的喜悦，这种情感变化贯穿全文，推动着事件的发展。

时间推移是较为常见的线索，如按照早上、中午、晚上的时间顺序叙述一天的生活。

地点转换也能作为线索，如一篇游记，按照游览的先后顺序，从一个景点到另一个景点，通过地点的转换来叙述旅行的经历。

线索的作用至关重要，它能使文章层次分明，结构严谨，读者在阅读时能够清晰地把握文章的脉络。

（四）具有明确的六要素

记叙文的六要素包括时间、地点、人物，事件的起因、经过和结果。这六个要素是记叙文的基本组成部分，缺一不可。明确的时间能够让读者了解事件发生的时代背景或具体时刻，如"去年夏天""星期天的早上"等。地点则确定了事件发生的具体位置，"在学校的操场上""家里的客厅里"等。人物是事件的参与者，明确人物能够使故事更加具体生动，"小明、小红和他们的老师"等。事件的起因是引发事件的原因，如"因为下雨，同学们不能在室外上体育课，所以改为在教室里进行室内活动"。经过是事件发展的过程，这是记叙文的重点部分，要详细叙述，如在描写一次拔河比赛时，对比赛过程中双方队员的表现、啦啦队的加油助威等进行细致描述。结果是事件的最终结局，"经过激烈的角逐，我们班最终赢得了拔河比赛的胜利"。在写作时，不一定非要按照六要素的顺序依次呈现，但必须将这六个要素清晰地交代清楚，这样读者才能全面理解文章所讲述的内容。

二、记叙文的结构

记叙文的结构，犹如建筑的框架，支撑起文章的整体架构，决定着内容的组织与呈现方式。合理且巧妙的结构安排，能让记叙文条理清晰、层次分明，极大地增强了文章的可读性与感染力，引领读者顺畅地领略故事的魅力。

（一）总分总结构

总分总结构在记叙文中应用广泛，它呈现出一种"起—承—合"的逻辑关系。开头部分，作者高屋建瓴，以简洁凝练的语言总述全文核心，抛出主题或点明事件的总体概况，瞬间抓住读者的注意力，激发其阅读兴趣。比如，在《美丽的家乡》一文中，开篇写道："我的家乡是一个如诗如画的地方，那里承载着我无数美好的回忆，每一寸土地、每一缕清风都饱含着独特的韵味。"此句奠定了全文对家乡赞美的情感基调，让读者对家乡的"美丽"满怀期待。

中间部分为分述，是文章的主体与核心。作者围绕开头的总述，从多个维度、不同方面展开详细阐述。或是列举具体事例，或是进行细腻的细节描写，将总述内容具象化、丰富化。继续以《美丽的家乡》为例，中间段落分别描述了家乡的自然风光，"家乡的山峦连绵起伏，像一条沉睡的巨龙。春天，漫山遍野的野花竞相绽放，红的像火，粉的像霞，白的像雪，把整个山坡装点得五彩斑斓；夏天，茂密的树林成了天然的避暑胜地，阳光透过树叶的缝隙洒下，形成一片片金色的光斑"。还有家乡的人文风情，"家乡的人们勤劳善良，邻里之间互帮互助。每逢传统节日，大家都会聚在一起，举行热闹的庆祝活动。如春节时，舞龙舞狮队伍走街串巷，鞭炮声此起彼伏，处处洋溢着欢乐祥和的氛围"。通过这些分述，家乡的美丽得以全方位、立体地展现。

结尾部分，作者再次回归整体，对全文进行总结收束。一方面，重申主题，强化读者对文章核心的印象。另一方面，常常在此处升华文章的中心思想，将情感、感悟提升到更高层次，引发读者更深层次的思考。在《美丽的家乡》结尾，作者写道："我爱我的家乡，它不仅有迷人的风景，更有温暖的人情。家乡是我心灵的归宿，无论我走到哪里，那份对家乡的眷恋都永远不会改变。它教会我热爱生活，珍惜身边的美好，激励我不断前行，去追寻更美好的未来。"这样的结尾，既呼应了开头对家乡的赞美，又将对家乡的热爱之情升华到人生感悟的层面，让读者对文章的内涵有了更深刻的理解。

总分总结构的优势显著，它使文章层次清晰、逻辑严谨，犹如一条清晰的脉络贯穿始终，读者能够轻松把握文章的主旨与行文思路。这种结构尤其适用于对某个主题进行全面阐述或对某个事物进行综合描写的记叙文，如描写一处旅游胜地、介绍一个人物的多个特点等。

（二）总分结构

总分结构，顾名思义，先在开头总述文章的主要内容或核心思想，给读者一个宏观的认知框架，随后在后续段落中，从不同角度、不同层面分别展开详细阐述，逐一细化开头的总述内容。例如，在《我的课余生活真精彩》一文中，开篇点明"我的课余生活丰富多彩，充满了无限乐趣，它如同一个五彩斑斓的调色盘，为我的生活增添了绚丽的色彩。"这一总述让读者明确文章将围绕课余生活的"精彩"展开。

　　接着分述部分，作者分别介绍了自己在课余时间参与的不同活动。"我热衷于阅读，课余时光常常沉浸在书的海洋里无法自拔。从《格林童话》中奇幻的世界，到《十万个为什么》里奇妙的科学知识，每一本书都像一把钥匙，为我打开一扇通往新世界的大门，让我在知识的殿堂里尽情遨游。""绘画也是我课余生活的重要组成部分。每当我拿起画笔，就仿佛进入了一个只属于自己的梦幻空间。我可以用画笔描绘出心中的奇思妙想，将美丽的风景、可爱的动物栩栩如生地呈现在画纸上。绘画不仅锻炼了我的创造力，还让我学会用独特的视角去观察生活中的美。""此外，我还积极投身于各种体育活动。篮球场上，我和小伙伴们尽情奔跑、挥洒汗水，享受着团队协作带来的快乐；羽毛球在空中来回飞舞，我敏捷地跳跃、扣杀，感受着运动的激情与活力。体育活动让我拥有了健康强壮的体魄，也培养了我的竞争意识和坚韧精神。"通过这些分述，生动且具体地展现了课余生活的精彩多样。

总分结构的好处在于开头能够迅速聚焦读者的目光，让读者对文章的核心要点一目了然，后续的分述则像枝叶一般，不断丰富和充实主干内容，使文章内容饱满、重点突出。在小学作文教学中，这种结构较为常用，它能帮助学生快速学会有条理地组织文章内容，清晰地表达自己的观点，适用于描述事物的多个特点、讲述自己的多种经历或感受等类型的记叙文。

（三）分总结构

分总结构与总分结构恰好相反，它先通过具体事例、细致入微的细节等进行分述，让读者在阅读过程中逐步深入了解文章所描绘的各个部分，在结尾部分水到渠成地进行总结，提炼出核心观点、得出结论或点明文章主题，给读者带来恍然大悟、豁然开朗的感觉。

以《我学会了坚持》为例，文章开头先分述学习游泳的艰难过程。"初次踏入泳池，看着那一片湛蓝的水，我的心里既兴奋又紧张。当教练要求我下水练习憋气时，我刚把头埋进水里，就忍不住呛了一大口水，难受得眼泪都快出来了。那一刻，我真想放弃。但是，我咬咬牙，告诉自己要坚持下去。接下来的日子里，每天我都在泳池里反复练习基本动作，手臂酸痛得抬不起来，腿也像灌了铅一样沉重。学习换气时，更是困难重重，不是呛水，就是节奏不对。然而，每一次想要放弃的时候，我都在心里给自己打气。"

经过一系列对学习游泳过程中困难与坚持的分述后，结尾总结道："终于，在不断地努力和坚持下，我学会了游泳。通过这次经历，我深刻地明白了一个道理：无论做什么事情，都会遇到各种各样的困难，但只要我们有坚持不懈的精神，勇于面对困难、战胜困难，就一定能够成功。坚持，是通向成功的桥梁。"这个结尾总结了整个事件的收获，将具体的学习游泳经历升华到对"坚持"这一品质的感悟，使文章的主题得到了有力的凸显。

分总结构能让读者在逐步深入的阅读过程中，充分感受文章的细节与情节，最后通过总结对全文有一个全面、深刻且整体的认识，使文章结尾极具感染力和说服力，给读者留下难以磨灭的深刻印象。常用于通过具体事件表达某种感悟、道理或观点的记叙文，引导读者从具体事例中领悟抽象的哲理。

记叙文的结构形式丰富多样，每种结构都有其独特的特点与适用场景。在小学作文教学过程中，教师应当引导学生深入理解这些结构的内涵与运用方法，鼓励学生根据不同的写作主题、内容和表达需求，灵活选择恰当的结构形式，从而创作出内容丰富、条理清晰、引人入胜的记叙文，不断提升学生的写作能力与语文综合素养。

第二节　记叙文写作技巧

记叙文作为一种常见的文体，广泛存在于小学作文教学之中。它以叙述事件、刻画人物、描绘场景为主要内容，通过生动的表述，将读者带入特定的情境之中，使其感同身受。

对于小学生而言，掌握记叙文写作技巧，不仅有助于提高语文成绩，更能锻炼其观察力、想象力与表达能力。以下将从多个方面详细阐述记叙文的写作技巧。

一、立意深刻新颖

（一）从生活小事挖掘深意

生活是记叙文写作的源泉，许多看似平凡的小事背后，往往蕴含着深刻的道理或真挚的情感。例如，在一次班级大扫除中，同学们分工合作，有的扫地，有的擦窗户，有的整理桌椅。有个同学不小心碰倒了垃圾桶，垃圾散落一地，正当他感到慌张时，周围的同学纷纷过来帮忙，很快就清理干净了。这件小事可以从团结协作、互相帮助的角度立意，体现集体的力量和同学之间的友爱。再如，周末和家人一起去菜市场买菜，看到一位卖菜的老奶奶，虽然年纪很大，但依然坚持自己种菜、卖菜，自力更生。从这件事可以挖掘出对劳动精神的赞美，以及对老年人积极生活态度的钦佩等立意。引导学生关注生活中的这些细节，学会从平凡中发现不平凡，是写出深刻记叙文的关键。

（二）逆向思维，突破常规

在立意时，尝试运用逆向思维，突破常规的认知和看法，往往能使文章脱颖而出。比如，通常大家都认为春天是美好的，万物复苏，充满生机。但从另一个角度看，春天花粉过敏的人增多，天气多变容易感冒，也会给人们带来一些困扰。以"春天的烦恼"为立意来写记叙文，就会显得新颖独特。再如，人们一般都赞美蜜蜂的勤劳，但如果从蜜蜂的生存压力、工作的危险性等角度出发，写一篇关于蜜蜂的不一样的记叙文，也能给读者带来全新的思考。这种逆向思维的立意方式，能够激发学生的创新思维，让文章更具吸引力。

（三）结合时代背景，升华主题

将记叙文的主题与当下的时代背景相结合，可以使文章具有更深远的意义。例如，在写关于环保的记叙文时，可

< 34 >

以结合当前全球气候变化、环境污染严重等时代问题，讲述自己或身边人参与环保行动的故事，如参加垃圾分类宣传活动、植树造林等，从而呼吁大家共同关注环保，为保护地球家园贡献力量。又如，在写关于科技发展的记叙文时，以自己使用智能设备的经历为切入点，探讨科技给生活带来的便利与挑战，以及如何正确对待科技发展，使文章的主题紧跟时代步伐，引发读者的共鸣。

二、精心选材

（一）围绕立意选材

选材要紧密围绕文章的立意，选择能够突出主题的材料。如果文章的立意是赞美母爱的伟大，那么可以选择母亲在自己生病时彻夜照顾、为自己准备营养丰富的饭菜、在学习上给予耐心辅导等具体事例。这些事例能够直接体现母亲对孩子的关爱，有力地支撑文章的主题。相反，如果选择一些与母爱无关或关联性不强的材料，如母亲参加社区活动等，就会偏离主题，使文章显得松散。在选材时，要对众多的生活素材进行筛选，确保所选材料与立意高度契合。

（二）选择典型、独特的材料

典型的材料具有代表性，能够以一当十，更深刻地反

< 35 >

映主题。例如，在写"坚强"这个主题时，选择海伦·凯勒克服失明失聪的巨大困难，成为著名作家和教育家的事例，就比一般人克服小挫折的事例更具典型性，更能突出坚强的品质。独特的材料能让文章与众不同，吸引读者的注意力。比如，写一次旅行经历，大多数人可能会选择去热门景点，而如果选择去一个鲜为人知但又充满特色的小众地方，如一个古老的渔村，那里有独特的风土人情、美丽的海景和有趣的捕鱼活动，这样的材料就能使文章更具新鲜感和吸引力。

（三）真实与虚构相结合

记叙文的材料可以来源于真实的生活经历，也可以适当进行虚构。真实的材料能让文章更具可信度和感染力，如自己亲身经历的一次考试失利后的沮丧与重新振作，因为有切身体会，写起来会更加生动真实。但有时候，为了更好地表达主题，也可以对材料进行适当的虚构和加工。比如，在写一篇关于友谊的记叙文时，可以将几个朋友之间的不同故事融合在一起，塑造出一个更完美的友谊故事。不过，虚构要合理，不能脱离生活实际，要让读者感觉真实可信。

三、合理搭建结构

（一）总分总结构

总分总结构是记叙文常用的结构形式。开头总述文章的主要内容或主题，引起读者的兴趣。如在《美丽的校园》一文中，开头写道："我的校园是一个充满生机与活力的地方，它宛如一座知识的宝库，为我们开启了探索世界的大门。"中间分述校园的各个方面，如校园的景色，"春天，校园里的花坛百花齐放，红的似烈烈燃烧的火焰，粉的如天边绮丽的云霞，白的像簌簌飘落的雪花，散发出阵阵迷人的芬芳；夏天，高大的树木枝繁叶茂，为我们遮挡炎炎烈日，我们可以在树下乘凉、嬉戏"。校园的活动，"学校经常举办各种丰富多彩的活动，如运动会上，同学们奋力拼搏，为班级荣誉而战；文艺汇演中，大家各展才艺，歌声、笑声回荡在校园的每一个角落"。结尾总结全文，再次强调对校园的喜爱之情，"我爱我的校园，这里的一草一木、一砖一瓦都承载着我的美好回忆，它将永远是我心中最美丽的地方"。总分总结构使文章层次清晰，逻辑严谨，易于读者理解。

（二）按照事件发展顺序

按照事件发展的先后顺序进行叙述，是记叙文最基本的结构方式。这种结构符合人们对事物发展过程的认知规律，能让读者清晰地了解事件的来龙去脉。例如，在写"一次难忘的野餐"时，先写决定去野餐的原因，"周末，阳光明媚，我们一家人决定去郊外野餐，享受大自然的美好"。接着写准备野餐的过程，"我们早早地起床，准备了丰富的食物，有三明治、水果、饮料等，还带上了野餐垫和帐篷"。然后写野餐的经过，"到达郊外后，我们找了一个风景优美的地方，铺上野餐垫，摆好食物，开始享受美味的午餐。之后，我们还在草地上放风筝、做游戏，玩得不亦乐乎"。最后写野餐的结果和感受，"这次野餐让我们度过了一个愉快的周末，我们不仅欣赏到了美丽的自然风光，还增进了家人之间的感情，它将成为我记忆中一段美好的回忆"。按照事件发展顺序结构写作，条理清晰，便于学生掌握。

（三）设置悬念与伏笔

在文章开头设置悬念，能够吸引读者的好奇心，促使他们继续阅读。例如，在《神秘的礼物》一文中，开头写道："今天是我的生日，早上起床后，我发现桌子上有一个包装精美的盒子，上面没有署名，这个神秘的礼物到底是谁送的呢？"这样的悬念会让读者迫不及待地想知道答案。伏笔则是在文章前面埋下一些线索，为后面的情节发展做铺垫。比如，在一篇写"同学之间的友谊"的文章中，前面提到小明总是默默地帮助同学，为后面小明在同学遇到困难时挺身而出的情节埋下伏笔，使文章情节更加连贯、合理。设置悬念和伏笔能够增强文章的吸引力和可读性，让读者沉浸在故事之中。

四、生动的语言运用

（一）巧用修辞手法

修辞手法的运用可以使文章的语言更加生动形象。比喻能将抽象的事物变得具体可感，如"她的笑容像阳光一样灿烂"，将笑容比作阳光，生动地描绘出她笑容的温暖与明亮。拟人则赋予事物人的情感和动作，使事物更加鲜活，"风儿轻轻地抚摸着我的脸庞"，"抚摸"一词将风儿拟人化，让读者感受到风儿的温柔。排比能增强文章的气势和节奏感，如"爱心是一片照射在冬日的阳光，使贫病交迫的人感到人间的温暖；爱心是一泓出现在沙漠里的泉水，使濒临绝境的人重新看到生活的希望；爱心是一首飘荡在夜空的歌谣，使孤苦无依的人获得心灵的慰藉"。通过排比句，深刻地表达了爱心的重要作用。

在写作中，引导学生恰当地运用修辞手法，能够让文章增色不少。

（二）准确运用动词和形容词

动词和形容词能够准确地描绘事物的状态和动作。在描写人物动作时，要选择精准的动词，如"他悄悄地走进房间，轻轻地关上门，生怕吵醒正在睡觉的妈妈"。句中"悄悄地""轻轻地"这两个动词生动地表现出他的小心翼翼。在描写景物时，形容词的运用至关重要，如"秋天的田野，金黄的稻穗沉甸甸地低垂着，像一片金色的海洋"。"金黄""沉甸甸"等形容词将秋天田野的丰收景象描绘得淋漓尽致。

准确运用动词和形容词，能够让文章的描写更加细腻、生动。

（三）引用诗词、名言警句

在文章中适当引用诗词、名言警句，可以增加文章的文化底蕴和说服力。比如，在写关于珍惜时间的记叙文时，可以引用"一寸光阴一寸金，寸金难买寸光阴"这句名言，强调时间的宝贵。在描写春天的景色时，引用"等闲识得东风面，万紫千红总是春"，能更好地展现春天的生机勃勃。但引用要恰当，不能为了引用而引用，要与文章的内容和主题紧密结合。

五、人物形象塑造

（一）外貌描写

外貌描写要抓住人物的主要特征，避免千篇一律。可以从人物的发型、面容、衣着等方面入手，通过细致的描写展现人物的性格特点和精神风貌。例如，"他留着一头乌黑的短发，圆圆的脸上镶嵌着一双炯炯有神的大眼睛，高挺的鼻梁下是一张总是带着微笑的嘴巴，身上穿着一件干净整洁的校服，显得格外精神"。这段外貌描写，通过对发型、面容、衣着的描写，展现出一个阳光、活泼的少年形象。

（二）语言描写

语言描写要符合人物的身份、性格和当时的情境。不同年龄、职业、性格的人，说话的方式和内容会有所不同。比如，一个急性子的人说话可能会比较直接、语速较快，而一个慢性子的人说话则可能会慢条斯理。在描写人物对话时，要注意语言的个性化，同时通过对话推动情节的发展。例如，在《争吵》一文中，两个同学因为一件小事发生争吵，一个同学大声说道："明明是你不对，你为什么不承认？"另一个同学也不甘示弱，反驳道："我怎么不对了？是你先挑事的！"通过这样的语言描写，生动地展现了两人互不相让的情景。

（三）动作描写

动作描写能够让人物"动"起来，更加鲜活。在描写动作时，要分解动作过程，选择准确的动词。例如，在描写一个同学跑步的动作时，可以这样写："他弯下身子，双脚微微分开，双手紧握拳头，放在身体两侧。随着一声枪响，他像离弦的箭一样冲了出去，快速地摆动着双臂，脚步有节奏地交替着，每一步都迈得很大，向着终点全力冲刺。"通过对跑步前的准备动作和跑步过程中动作的详细描写，将人物跑步的姿态生动地展现出来。

（四）心理描写

心理描写能够深入人物的内心世界，揭示人物的情感和想法。可以通过直接描写人物的心理活动，如"我心里很紧张，好似一台疯狂运转的老式缝纫机，'突突突'跳个不停，不知道这次考试能不能考好"。也可以通过人物的动作、语言、神态等间接表现心理，如"他低着头，不敢看老师的眼睛，双手不停地摆弄着衣角，显然是因为犯错而感到心虚"。

心理描写能让读者更好地理解人物的行为和动机，增强文章的感染力。

六、情节设计

（一）制造冲突

冲突是记叙文情节发展的动力，能够吸引读者的注意力。冲突可以是人物之间的矛盾冲突，如同学之间因为意见不合而产生争吵；也可以是人物内心的冲突，如一个同学在面对是否要向老师承认错误时的内心挣扎；还可以是人物与环境之间的冲突，如在野外探险时遇到恶劣的天气。例如，在《一次难忘的辩论会》中，正反双方围绕"小学生是否应该使用手机"这一话题展开激烈的辩论，双方各执一词，互不相让，这种人物之间的冲突使文章情节跌宕起伏，充满吸引力。

（二）设置波折

情节过于平淡会让读者感到乏味，适当设置波折能够使文章更加引人入胜。写作时，我们可以通过设置意外、反转等方式来制造波折。比如，在写"寻找丢失的小狗"的记叙文时，一开始主人公四处寻找小狗，毫无头绪，就在他几乎绝望的时候，突然在一个角落里发现了小狗，可小狗却受伤了，于是他又急忙带着小狗去看兽医，这样的情节一波三折，让读者的心始终被故事牵动着。

（三）合理安排情节节奏

情节节奏要有快有慢，张弛有度。在关键情节、高潮部分，要详细描写，放慢节奏，让读者能够充分感受情节的紧张和精彩；而在一些过渡性的情节或次要情节上，可以简略描写，加快节奏。例如，在写一场足球比赛时，比赛的关键进球瞬间要详细描写球员的动作、观众的反应等，放慢节奏，突出高潮；而比赛中间一些常规的传球、防守等情节则可以简略描述，加快节奏，使文章既有重点，又不显得拖沓。

记叙文写作需要从立意、选材、结构、语言、人物塑造和情节设计等多个方面入手，综合运用各种技巧。在小学作文教学中，教师要引导学生不断学习和实践，通过多读、多写、多练，逐步提高记叙文写作水平，让学生能够用生动的文字讲述精彩的故事，表达真挚的情感。

第三章　说明文写作

第一节　说明文的特点

说明文作为一种以说明为主要表达方式的文体，在我们的学习、生活中发挥着至关重要的作用。无论是科学知识的普及、产品使用说明，还是事物特征的介绍，都离不开说明文。它旨在让读者清晰、准确地了解说明对象，掌握相关信息。

（一）内容的科学性

小学说明文承担着启蒙学生科学认知的重任，其内容必须精准契合客观事实与科学准则。无论是揭示自然现象的内在原理，还是阐述动植物的独特性质，抑或是讲解科学技术的应用机制，都要以坚实的科学依据为支撑。

在阐释自然现象时，以雷电的形成为例。要向学生清晰说明，雷电是由于云层中的电荷分布不均，导致云层与云层间、云层与地面间形成强大的电场。当电场强度达到一定程度，空气就会被击穿，形成导电通道，大量电荷瞬间通过这个通道释放，产生强烈的电流，这就是闪电。而闪电发生时，通道内的空气温度急剧升高，空气迅速膨胀，产生强烈的冲击波，向外传播形成雷声。通过这样详细且科学的讲解，让小学生理解雷电这一常见却又令人敬畏的自然现象背后的科学逻辑。

在介绍动植物特性方面，以向日葵的向光性为例。需阐述清楚，向日葵生长素主要在茎尖形成，并向基部运输。生长素的分布受到光的影响，向光的一侧生长素浓度低，背光的一侧浓度高。这样一来，背光一侧的细胞纵向伸长生长得快，向光一侧生长得慢，结果使得茎朝向生长慢的一侧弯曲，也就是朝向光源的一侧弯曲，从而呈现出向日葵总是朝着太阳转动的现象。还可以通过实验来强化学生的理解，准备两盆向日葵幼苗，将其中一盆用不透明的纸盒罩住，使其只能接受单侧光照射，另一盆正常光照。一段时间后，会发现单侧光照射的向日葵明显向光弯曲，而正常光照的向日葵直立生长，由此直观展现向日葵向光性的特点。

在科学技术应用方面，以常见的微波炉为例。要准确说明其工作原理，微波炉利用微波来加热食物。微波是一种电磁波，它能穿透食物，并使食物中的水分子产生剧烈振动。水分子的振动相互摩擦产生热量，从而实现对食物的加热。

同时，还可介绍使用微波炉的注意事项，如不能使用金属容器加热食物，因为金属会反射微波，可能引发电火花甚至损坏微波炉，以此让小学生不仅了解微波炉的工作原理，还能正确、安全地使用这一科技产品。

（二）语言的准确性

1.用词精确

小学说明文在用词上容不得半点模糊，每个词汇都要确切反映事物的特性、状态或程度。在描述物体的物理属性时，必须给出具体数值。例如，描述一张桌子的尺寸，应明确表述为"这张桌子长120厘米，宽60厘米，高80厘米"，而不是简单说"这张桌子挺大的"。介绍物体重量时，像"这个书包重3千克"，精准的数字让学生对物体重量有清晰感知。在说明事物性质时，用词同样要精准无误，如描述金属铁，应表述为"铁是一种具有银白色金属光泽、质地坚硬、有良好导电性和导热性的金属"，"银白色""坚硬""良好导电性和导热性"等词汇准确界定了铁的性质。

在描述动物的相关特征时，对于鸵鸟，要准确说明"鸵鸟是世界上最大的鸟类，成年鸵鸟身高可达2.5米左右，体重可达150千克"；对于蚂蚁，"一只普通蚂蚁的体长大约在

2—5 毫米之间"。通过这样精确的数值描述，让小学生能鲜明地感受到不同动物在体型上的巨大差异。

2. 术语规范

涉及科学术语时，必须采用规范且被广泛认可的表述。在讲解人体知识时，要使用"心脏""肾脏""胃"等标准名称，杜绝使用不规范的俗称。在阐述数学概念时，"三角形""长方形""圆柱体"等术语要准确运用，不可随意更改。对于一些小学生较难理解的术语，需进行通俗易懂的解释。比如，介绍"生态系统"，可以解释为"生态系统就是在一定的空间范围内，生物与环境所形成的统一整体。像一片森林里，有各种各样的树木、花草、动物，还有阳光、空气、水等，它们相互作用、相互依存，共同构成了一个生态系统"，既保证术语使用的规范性，又帮助小学生理解其内涵。

在讲解物理知识时，提到"惯性"这一术语，可举例说明："当我们乘坐的汽车突然刹车时，我们的身体会不由自主地向前倾，这就是因为我们的身体具有惯性，要保持原来的运动状态继续向前运动。"同时，区分"惯性"与"惯性定律"，惯性是物体本身的一种属性，而惯性定律是描述物体在不受外力作用时的运动规律。通过这样详细的解释和区分，让小学生准确把握科学术语。

（三）说明的条理性

1.逻辑顺序清晰

小学说明文通常依据特定逻辑顺序组织内容，以便学生能顺畅理解所阐述的事物或事理。常见逻辑顺序有时间顺序、空间顺序和事情发展顺序。

以时间顺序为例，在介绍月亮的月相变化时，要严格按照时间推移来讲解。农历初一，月球位于太阳和地球之间，与太阳几乎同时升起和降落，此时我们看不到月亮，这叫新月；之后，月球逐渐偏离太阳，在天空中露出一小部分，形状像弯弯的眉毛，这是峨眉月，出现在农历初二到初七左右；到了农历初八，月球的一半被太阳照亮，我们看到的月亮呈半圆形，叫上弦月；农历初九到十四，月亮的明亮部分逐渐增多，变成凸月；到了农历十五、十六，月球被太阳照亮的一面完全朝向地球，我们看到一轮圆圆的月亮，这就是满月；满月之后，月亮的明亮部分逐渐减少，依次经历凸月、下弦月（农历二十二、二十三）、峨眉月，最后又回到新月，完成一个月相变化周期。通过这样按时间顺序的详细描述，让小学生清晰了解月相变化的过程。

在介绍植物的生命周期时，从种子萌发开始，遵循时间顺序描述。种子在适宜的温度、湿度和空气条件下，开始吸水膨胀，胚根首先突破种皮，向下生长形成主根；接着胚芽向上生长，钻出地面，长出茎和叶；随着植株不断生长，会经历开花期，花朵开放吸引昆虫传粉；传粉受精后，进入结果期，果实逐渐发育成熟，里面包含着新的种子，完成一个植物生命周期。这样按照时间顺序逐步呈现，让小学生能系统掌握植物生长的各个阶段。

空间顺序常用于介绍建筑物或物体构造。如描述学校的图书馆，可按照从外到内、从下到上的空间顺序介绍。"学校图书馆外观是一座现代化的建筑，外墙采用了玻璃幕墙，显得明亮而大气。走进图书馆大门，首先映入眼帘的是宽敞的大厅，大厅地面铺着光洁的大理石。大厅左侧是服务台，工作人员在这里为同学们办理借阅手续。大厅右侧是书架区，一排排书架整齐排列，上面摆满了各种各样的书籍，按照不同的学科和类别进行分类摆放。沿着楼梯走上二楼，这里是安静的阅读区，摆放着舒适的桌椅，供同学们安静地阅读和学习。"通过这样的空间顺序描述，让学生对图书馆的布局有清晰认知。

在介绍公园的布局时，可按照从公园入口开始，依次介绍各个景点的空间顺序。"从公园入口进入，首先看到的是一座美丽的喷泉，清澈的泉水从喷头中喷出，在阳光的照耀下闪烁着晶莹的光芒。喷泉后面是一片开阔的草坪，草坪上有许多小朋友在嬉戏玩耍。草坪的左侧是一个人工湖，湖水碧波荡漾，湖面上有几只小船在飘荡。沿着湖边的小路往前走，就来到了一座古色古香的亭子，亭子周围种满了鲜花，散发着阵阵芬芳。亭子的后面是一片茂密的树林，树林里有各种各样的鸟儿在欢快地歌唱。"通过这样的描述，使读者仿佛身临其境，清楚了解公园的空间结构。

按照事情发展顺序，如说明制作简易太阳能热水器的过程。首先，准备好制作所需的材料，如一个大纸盒、一块黑色塑料薄膜、一个透明塑料板、一些泡沫板和一个装水的容器。然后，在纸盒内部铺上泡沫板，起到保温作用。接着，将黑色塑料薄膜铺在纸盒底部，黑色能够吸收更多的太阳热量；把装水的容器放在黑色塑料薄膜上；再用透明塑料板盖住纸盒，形成一个封闭的空间，让阳光能够透过透明塑料板照射进来，又能减少热量散失。最后，将制作好的太阳能热水器放在阳光充足的地方，观察水的温度变化。这种顺序符合学生对制作流程的理解逻辑，易于接受。

在介绍一次科学实验的过程时，按照实验的先后顺序，先提出问题，然后作出假设，接着设计实验方案，准备实验器材，进行实验操作，观察并记录实验现象，最后分析实验结果得出结论。例如，在进行"探究电磁铁磁性强弱与哪些因素有关"的实验时，提出问题："电磁铁磁性强弱与哪些因素有关呢？"作出假设："电磁铁磁性强弱可能与电流大小、线圈匝数有关。"设计实验方案：准备电池、导线、铁钉、大头针等器材，制作一个电磁铁，通过改变电池的节数来改变电流大小，通过改变缠绕在铁钉上的线圈匝数来改变线圈匝数，观察电磁铁吸引大头针的数量来判断磁性强弱。准备好实验器材后，进行实验操作，分别记录不同电流大小和线圈匝数下电磁铁吸引大头针的数量。最后，分析实验结果得出结论：电磁铁磁性强弱与电流大小和线圈匝数有关，电流越大、线圈匝数越多，电磁铁磁性越强。通过这样按照事情发展顺序的详细介绍，让小学生有条不紊地了解整个实验过程。

2. 层次分明

为使说明更有条理，文章要划分清晰层次，可通过序号、小标题或过渡性语句实现。

在介绍动物的生活习性时，可分为"食性""栖息环境""繁殖方式"等小标题，分别对动物的食物偏好、生存环境以及繁殖特点等方面展开说明。例如，介绍袋鼠，在"食性"部分，可以写道："袋鼠是草食性动物，主要以草和其他植物为食。它们的消化系统适应了粗糙的植物纤维，能够高效地消化这些食物获取营养。在干旱季节，袋鼠还能通过食用一些含水量较高的植物来补充水分。"在"栖息环境"部分介绍："袋鼠主要生活在澳大利亚的草原和荒漠地区。这些地方有广阔的空间供它们活动，草原上丰富的植被为它们提供了充足的食物来源。袋鼠喜欢群居生活，它们通常会组成大小不等的群体，互相依靠、共同防御天敌。"在"繁殖方式"部分说明："袋鼠的繁殖方式较为特殊，雌性袋鼠有育儿袋。袋鼠的孕期较短，大约 30—40 天，幼崽出生时非常小，只有几克重。出生后的幼崽会立即爬进母亲的育儿袋中，在育儿袋中继续生长发育，直到能够独立生活。"通过这样的小标题划分，各部分内容相对独立又围绕动物生活习性这一主题，层次清晰明了。

在介绍一种学习用品时，可通过序号进行层次划分。如介绍多功能文具袋，"外观设计"部分可以描述："这款文具袋采用了长方形的设计，尺寸为 25 厘米长、12 厘米宽、5 厘米厚，大小适中，方便携带。文具袋的材质是防水的牛津布，不仅耐用，而且容易清洁。它的颜色鲜艳，有多种卡通图案可供选择，深受同学们喜爱。""功能特点"部分详细说明："文具袋有多个分层，前面的小口袋可以用来放橡皮擦、修正带等小物件，取用非常方便。中间的大口袋可以放铅笔、钢笔、尺子等文具，里面还有专门的笔插，能够将笔整齐地固定住，防止滚动。文具袋的后面还有一个隐藏的拉链袋，可以用来放一些重要的小纸条或卡片。此外，文具袋的侧面还设计了一个网袋，可以用来放水杯或雨伞。""使用方法"部分介绍："使用文具袋时，先将文具分类整理好，把常用的文具放在前面的小口袋和中间的大口袋，方便随时取用。将水杯或雨伞放在侧面的网袋中，注意不要装太满，以免漏水。当需要放一些重要的小纸条或卡片时，拉开后面的隐藏拉链袋即可。使用完毕后，将文具袋拉上拉链，放在书包里合适的位置。"通过这样的序号划分，使学生能够清晰了解多功能文具袋的各个方面。

过渡性语句则起到连接不同层次内容的作用。例如，在从介绍植物的生长过程过渡到植物对环境的作用时，可以使用"植物完成了从种子到成熟植株的生长过程，它们不仅自身不断发展，还对周围的环境有着重要的作用。接下来，我们看看植物是如何影响环境的"这样的语句，使文章过渡自然，层次连贯。在介绍一种科技产品的功能后，要过渡到其未来发展趋势时，可以写道："这款科技产品目前已经展现出了强大的功能，给我们的生活带来了诸多便利。而随着科技的不断进步，它在未来还将有更广阔的发展空间。下面，让我们一同展望一下它的未来发展趋势。"通过这样的过渡性语句，让学生能够顺利从一个层次过渡到另一个层次，更好地理解文章内容。

（四）通俗易懂

1.贴近生活举例

小学说明文为帮助小学生理解复杂知识或事物，常贴近生活举例。在解释科学原理时，以"光的折射"为例，可以举例说，当我们把一根筷子插入盛有水的杯子中，会发现筷子好像在水面处折断了，这就是光的折射现象。因为光在从一种介质（空气）进入另一种介质（水）时，传播方向会发生改变。在介绍"摩擦力"时，以走路为例，我们之所以能够在地面上行走，是因为鞋底与地面之间存在摩擦力，如果没有摩擦力，我们就会像在冰面上一样，很难行走。通过这些贴近生活的例子，将抽象的科学概念变得具体易懂。

在讲解物体的沉浮原理时，可以举例："把一个木块和一个铁块同时放入水中，木块会浮在水面上，而铁块会沉入水底。这是因为木块的密度比水小，它受到的浮力大于自身的重力，所以能浮起来；而铁块的密度比水大，它受到的浮力小于自身的重力，所以会下沉。就像我们平时看到的轮船，虽然它是用钢铁制成的，但由于它的形状特殊，内部是空心的，整体的密度小于水，所以也能漂浮在水面上。"通过这些贴近生活的例子，让小学生更好地理解物体沉浮的原理。

2. 语言简洁明了

小学说明文语言风格追求简洁，避免复杂、生僻词汇和句子结构，尽量用简单句和常用词汇表达。在介绍新玩具时，简单说"这个玩具风车很好玩，只要拿在手里，迎着风跑，风车的叶片就会快速转动起来，发出呼呼的声音"，这样简洁的语言让小学生迅速明白玩法。在描述自然现象时，像"彩虹是在雨后，阳光照射到空气中的小水滴上，这些小水滴就像一个个三棱镜，把太阳光分解成七种颜色，形成了美丽的彩虹"，这种简洁表述，小学生能轻松理解彩虹形成的原因。

在介绍一种新型学习工具时，如电子词典，可说"电子词典使用很方便，按下开机键打开后，在屏幕上输入你要查的单词，它就能立刻显示出单词的释义、发音和例句。它还可以切换不同的词典版本，满足你不同的学习需求"，让小学生快速了解产品特点与使用方式。

在介绍一种日常用品时，如自动晾衣架，可描述为"自动晾衣架安装在阳台上，只要按下遥控器上的按钮，晾衣架就能自动上升或下降。它可以晾晒很多衣服，而且收放自如，节省空间，使用起来特别方便"，用简洁明了的语言让小学生了解自动晾衣架的特点。

（五）趣味性

1.故事引入：为激发小学生阅读兴趣，小学说明文常采用故事引入方式

在介绍啄木鸟时，可先讲一个"大树爷爷的医生"的故事。"在一片茂密的森林里，有一棵高大的大树爷爷。最近，大树爷爷生病了，它的身上长满了虫子，疼得它直哼哼。森林里的小动物们都很着急，不知道该怎么办。这时，一只啄木鸟飞来了，它停在大树爷爷的身上，用它尖尖的嘴巴，不停地啄着树干，不一会儿就把藏在树干里的虫子都捉了出来。大树爷爷的病慢慢好了，它非常感激啄木鸟。小朋友们，你们知道啄木鸟为什么能成为大树爷爷的医生吗？接下来，我们就一起了解一下啄木鸟的神奇本领吧。"这样的故事能吸引小学生注意力，让他们带着好奇心阅读后续内容。

在介绍种子的传播方式时，以"小种子的冒险之旅"故事开头。"在一个美丽的花园里，住着许多小种子。有一颗小种子特别向往外面的世界，它一直梦想着能去远方旅行。

有一天，一阵大风刮过，小种子紧紧抓住风的尾巴，开始了它的冒险之旅。风带着小种子飞过了高山，飞过了河流，最后把它带到了一片陌生的土地上。小种子在这里安了家，努力生长。可是，它觉得有些孤单，它想知道其他的小种子是怎么来到新地方的。小朋友们，让我们一起跟着小种子，去探索种子传播的奥秘吧。"通过这样的故事，引发小学生对种子传播方式的兴趣。

2. 巧用修辞手法：适当运用修辞手法能让小学说明文妙趣横生

比喻能化陌生为熟悉，让读者更易理解说明对象的特征。在说明火山喷发时，"火山喷发宛如大地愤怒地张开血盆大口，将炽热的岩浆如汹涌的洪流般喷薄而出，冲向天际，所到之处，一片炽热与震撼"，将火山喷发比作大地张开的血盆大口以及汹涌的洪流，生动展现出火山喷发时的磅礴气势与威力。拟人则赋予说明对象人的情感和行为，使其更具亲和力。介绍含羞草时，"含羞草宛如一位娇羞的少女，一旦受到外界的触碰，便会迅速地将叶片合拢，好似在害羞地躲避一般"，如此一来，含羞草那独特的应激反应被描绘得趣味盎然，读者也会对其产生浓厚的兴趣。

第二节　说明文写作技巧

说明文可不像讲故事，它是要清清楚楚地把一个东西或者一件事介绍给别人，让大家明白其中的知识。对于小学生来说，写好说明文其实也不难，掌握这几个小技巧，你就能写出很棒的说明文。

一、精准锚定说明对象，开启写作征程

（一）立足兴趣，挖掘熟悉宝藏

小学生在挑选说明文写作对象时，兴趣宛如一座明亮的灯塔，指引着方向。热爱动物的孩子，小猫、小狗、小兔子便是绝佳素材。以小猫为例，日常相处中，孩子能观察到小猫毛茸茸的皮毛，或洁白如雪，或斑斓似虎；灵动的眼睛，在黑暗中犹如熠熠生辉的宝石；细长的尾巴，时而优雅摆动，时而蜷缩环绕。还熟知小猫白天慵懒睡觉，夜晚精神抖擞，偏爱鱼和猫粮的生活习性。因为熟悉且饱含兴趣，写作时便能信手拈来诸多细节，使文章内容充实饱满。

（二）求新求异，邂逅独特精彩

除了常见事物，独特新颖的对象更能紧紧抓住读者的好奇心。像捕蝇草这种罕见植物，其外形极为奇特，叶子边缘布满尖锐的刺，形状恰似一个张牙舞爪的夹子。当有小昆虫误入夹子，它会以迅雷不及掩耳之势迅速闭合，将昆虫消化，化作自身生长的养分。选择这样别具一格的植物作为说明对象，文章瞬间便能脱颖而出，充满新奇感与吸引力。

二、精心筹备，为写作蓄势赋能

（一）细致入微观察法

直接观察堪称获取第一手资料的不二法宝。若要写"我的小闹钟"，孩子需要全方位、多角度地观察。观察闹钟的外形，是圆润可爱的圆形，还是规整方正的方形，抑或是充满童趣的卡通造型；观察闹钟的表盘，时针、分针、秒针各司其职，它们的长短、粗细不同，运转时的速度和规律也各有特点；观察闹钟的功能，除了精准显示时间，是否具备定时提醒功能，以及设置定时的操作方式等。在观察过程中，不能仅仅依靠眼睛，还可以用手触摸，感受闹钟外壳是光滑的塑料材质，还是略带质感的金属材质；倾听闹钟走动的声音，是清脆的"嘀嗒"声，还是沉稳的"哒哒"声，将这些独特之处一一记录下来。

（二）广纳信息查阅法

对于一些难以直接观察的事物，查阅资料就显得至关重要。比如，写"太阳系八大行星"，孩子可通过查阅科普书籍、浏览权威科普网站等方式，广泛收集信息。了解到水星是离太阳最近的行星，由于距离太阳过近，表面温度极高，可达数百摄氏度；金星拥有浓厚的大气层，这层大气使得金星表面温度居高不下，甚至超过了水星，成为太阳系中最热的行星；火星则因表面覆盖着大量的氧化铁，呈现出独特的红色……通过查阅资料，能极大地丰富写作素材，让文章内容更具科学性与专业性。

（三）虚心求教他人法

向老师、家长或专业人士请教，是收集资料的一条便捷且有效的途径。如果要写"如何种植多肉植物"，孩子不妨向养花经验丰富的长辈请教。长辈会详细告知种植多肉植物的土壤选择，宜用疏松透气的颗粒土；浇水频率，遵循"干透浇透"原则，避免积水导致根部腐烂；光照需求，多数多肉植物喜欢充足的光照，但夏季高温时需适当遮阴。这些宝贵的经验之谈，能为文章增添实用价值，使其更具可信度。

三、匠心搭建文章框架，构建清晰脉络

（一）别出心裁，开头设计

1.开门见山直入主题

直接点明说明对象，简洁明快，不拖泥带水。如写"电脑"，开头可直接写道："在当今数字化时代，电脑已成为人们生活和工作中不可或缺的得力助手。它具备强大的功能，既能助力我们高效学习、便捷办公，又能为我们带来丰富多彩的娱乐体验。"这种开头方式迅速切入主题，让读者第一时间明确文章要介绍的对象。

2.设置悬念激发好奇

通过设置悬念，勾起读者的好奇心，使其迫不及待地想要一探究竟。以"神奇的含羞草"为例，开头可以这样写："在植物的世界里，有一种神奇的存在，当你轻轻触碰它时，它的叶子会瞬间合拢，仿佛一个害羞的小姑娘，用双手捂住了自己的脸庞。你知道这是什么植物吗？它就是含羞草。"这样的开头成功吸引读者的注意力，引领他们继续阅读，探寻含羞草的奥秘。

3.引用故事增添趣味

引用与说明对象相关的故事来开头，能为文章增添浓厚

的趣味性。在写"指南针"时，可讲述古代航海家利用指南针在茫茫大海中辨别方向的故事："在遥远的古代，航海家们在浩瀚无垠的大海上航行，常常面临迷失方向的困境，生命安全受到严重威胁。直到有一天，指南针的出现，为他们照亮了前行的道路，成为可靠的导航工具。那么，指南针究竟是如何发挥作用的呢？"通过故事引入，能让读者对指南针产生浓厚的兴趣，自然地引出下文对指南针的介绍。

（二）条理清晰，主体呈现

1.空间顺序，展现事物布局

对于介绍事物的形状、构造等，空间顺序是绝佳选择。比如，介绍"我的教室"，可按照从前往后的顺序，先描绘教室前面的黑板，其大小、颜色、表面是否光滑，黑板上方悬挂的时钟，嘀嗒作响，记录着课堂的每一分每一秒；接着写讲台，讲台上摆放着老师的教案、教具，是知识传递的前沿阵地；再写中间摆放得整整齐齐的桌椅，桌椅的排列方式、颜色款式，以及同学们在桌椅间学习、交流的场景；最后写教室后面的黑板报，丰富多彩的内容、精美的绘画，展示着班级的风采，还有图书角，琳琅满目的书籍，散发着知识的芬芳。也可按照从上到下的顺序，先写天花板上的吊灯，明亮的灯光照亮了整个教室；再写墙壁上的窗户，阳光透过窗户洒在课桌上，带来温暖与光明，窗户旁张贴的标语，激励着同学们努力学习；最后写地面，地面的材质、颜色，是否干净整洁等。这样的顺序能让读者清晰地了解教室的布局，如同身临其境一般。

2. 时间顺序，记录发展历程

在说明事物的发展变化过程时，时间顺序能让文章脉络清晰，一目了然。以"蚕宝宝的一生"为例，按照蚕宝宝孵化、成长、结茧、化蛾的时间顺序进行写作。先写蚕宝宝刚从卵中孵化出来时，身体细小如蚂蚁，全身黑乎乎的，小心翼翼地蠕动着；接着写随着时间的推移，蚕宝宝不断进食桑叶，身体逐渐长大，经历多次蜕皮，每一次蜕皮后，身体都会变得更白、更胖；然后写蚕宝宝开始吐丝结茧，它们会寻找一个安静的角落，用吐出的丝将自己层层包裹起来，形成一个椭圆形的茧；最后写蚕宝宝在茧中化蛾，经过一段时间的孕育，蚕蛾破茧而出，展开翅膀，开始新的生命旅程。通过时间顺序，完整呈现蚕宝宝的生命历程，让读者清晰地了解其生长变化的过程。

3. 逻辑顺序，阐释事理关系

逻辑顺序适用于说明事理或介绍事物的功能、关系等。比如，介绍"太阳能热水器的工作原理"，可按照逻辑顺序，

先说明太阳能热水器由集热器、保温水箱、连接管道等部分
组成，详细描述各部分的形状、材质、位置关系；再阐述各
部分的功能，集热器负责吸收太阳能，将光能转化为热能，
保温水箱用于储存热水，保持水温，连接管道则起到输送热
水的作用；最后说明太阳能如何转化为热能使水升温，即集
热器中的吸热介质吸收太阳能后温度升高，通过热传导将热
量传递给水箱中的水，使水的温度逐渐升高。这样从整体到
部分、从原理到应用的逻辑顺序，能让读者更好地理解太阳
能热水器的工作机制，条理清晰，易于接受。

（三）简洁有力，结尾升华

1. 总结全文，强化核心认知

在结尾处对文章内容进行总结，能够强化读者对说明对
象的认识。如写"智能手机"，结尾可总结："智能手机凭借
其强大的通信功能，让人与人之间的沟通变得随时随地、畅
通无阻；便捷的上网能力，使我们能够轻松获取海量信息，
畅游知识的海洋；丰富的娱乐应用，为我们的生活增添了无
尽的乐趣。它已然成为人们生活中不可或缺的亲密伙伴，深
刻地改变着我们的生活方式，让我们的生活变得更加丰富多
彩、便捷高效。"这种结尾方式使文章结构完整，重点突出，
让读者对智能手机的重要性和功能有更深刻的理解。

2. 提出展望，激发想象思考

对说明对象的未来发展进行展望，能激发读者的思考，为文章增添一份前瞻性。例如，在介绍"电动汽车"后，结尾可写道："随着科技的迅猛发展，电动汽车的续航里程将不断突破，充电设施也会日益完善，遍布城市的每一个角落。相信在不久的将来，电动汽车将凭借其环保、节能、高效的优势，成为人们出行的主流选择，为缓解能源危机、改善环境质量作出巨大贡献，引领我们迈向一个更加绿色、可持续发展的未来。"这种结尾给读者留下广阔的想象空间，引发他们对未来的期待与思考。

3. 发出呼吁，引发情感共鸣

针对说明对象所涉及的问题，发出呼吁，能够引起读者的关注，激发他们的情感共鸣。如在写"保护野生动物"时，结尾可呼吁："野生动物是地球上宝贵的生物资源，它们在维护生态平衡、促进生物多样性方面发挥着至关重要的作用。然而，如今它们的生存面临着诸多严峻威胁，栖息地被破坏、非法捕猎屡禁不止。让我们立刻行动起来，从自身做起，保护野生动物的栖息地，拒绝购买野生动物制品，用实际行动为野生动物创造一个安全、和谐、美好的家园，让这些可爱的生灵能够在地球上自由自在地繁衍生息。"这种结尾具有强烈的感染力，能促使读者产生保护野生动物的意识，并付诸行动。

四、精雕细琢语言，传递丰富信息

（一）严谨用词，确保准确无误

1. 精准选用词汇

在说明文中，准确使用表示时间、范围、程度等的词汇至关重要。比如，在介绍"地球的自转"时，不能模糊地说"地球大概每天自转一圈"，而应准确表述为"地球平均每天自转一圈，时间约为 24 小时"。"平均"一词体现了地球自转时间的稳定性，"约为"则表明这一时间并非绝对精确，存在一定的误差范围，这样的表述更加科学、严谨。

2. 杜绝模糊表述

尽量避免使用模糊不清的词语，以免让读者产生误解。例如，在描述"苹果的大小"时，不能简单地说"苹果挺大的"，而应具体说明"苹果的直径约为 8 厘米，重量在 200 克左右"。通过具体的数据，能让读者对苹果的大小有清晰、准确的认识，增强说明的可信度。

（二）灵动表达，增添生动魅力

1. 巧用修辞手法

比喻，化抽象为具体，能让抽象的事物变得具体可感，易于理解。如介绍"彩虹"时，可写"彩虹宛如一座绚丽多彩的七彩拱桥，横跨在湛蓝的天空中，散发着迷人的光芒，美丽极了"。将彩虹比作七彩拱桥，形象生动地描绘出彩虹的形状和色彩，让读者仿佛亲眼看见了那道美丽的弧线。

拟人，赋予事物人的情感和行为，使文章更具亲和力。在写"小雨滴"时，"小雨滴欢快地从天空中飘落下来，如同一个个活泼的小精灵，在和大地玩捉迷藏，它们有的落在屋顶上，有的跳进池塘里，有的洒在田野间，给世界带来了生机与活力"。拟人手法的运用，让小雨滴变得灵动可爱，充满趣味，拉近了与读者的距离。

排比，增强文章的节奏感和气势，使说明更加有力。如介绍"四季的特点"，"春天，万物复苏，大地宛如一位从沉睡中苏醒的少女，缓缓披上了翠绿的衣裳，处处洋溢着生机与希望；夏天，骄阳似火，蝉儿在枝头欢快地歌唱，仿佛在为炎热的夏日奏响一曲独特的乐章，整个世界充满了热情与活力；秋天，硕果累累，田野里一片金黄，宛如一片金色的海洋，微风拂过，涌起层层麦浪，丰收的喜悦弥漫在每一个角落；冬天，白雪皑皑，世界银装素裹，宛如一个纯净的童话世界，雪花纷纷扬扬地飘落，给大地盖上了一层厚厚的棉被"。排比句的使用，使四季的特点更加鲜明突出，读起来朗朗上口，富有韵律美。

2.引用诗句俗语

引用诗句、俗语能为文章增添浓厚的文化底蕴。在写"月亮"时，可引用"小时不识月，呼作白玉盘"，形象地表现出月亮圆润的形状，让读者感受到古人对月亮的独特认知和浪漫想象；在介绍"气象知识"时，引用俗语"朝霞不出门，晚霞行千里"，简洁明了地让读者理解气象变化与天气的关系，使文章更具生活气息和趣味性。

3.运用趣味语言

使用一些充满童趣、活泼有趣的语言，能让说明文更贴合小学生的阅读口味。如在介绍"蜗牛"时，"蜗牛背着重重的壳，就像一个移动的小房子，它慢悠悠地爬呀爬，仿佛在悠闲地欣赏沿途的风景，每一步都走得那么从容不迫"。这种趣味性语言让蜗牛的形象更加生动鲜活，充满了童真童趣，使读者在阅读过程中感受到快乐。

五、恰当运用说明方法，助力理解认知

（一）举例子，具体阐释事物特点

通过具体的事例来说明事物的特点，能使读者更容易理解。比如，在介绍"鸟类的迁徙"时，可举例："每年秋天，

大雁都会从寒冷的北方飞往温暖的南方过冬。它们排成整齐的'人'字形或'一'字形队伍，浩浩荡荡地飞越千山万水。据科学统计，有的大雁迁徙路程可达数千公里，它们凭借着顽强的毅力和出色的导航能力，完成了这一伟大的生命旅程。"通过大雁迁徙的具体例子，读者能直观地感受到鸟类迁徙的特点，如迁徙的时间、路线、队伍形态以及距离之远等，使抽象的知识变得具体可感。

（二）列数字，科学呈现事物特征

运用具体的数字说明事物，能让说明更具科学性和准确性。如介绍"蓝鲸"，"蓝鲸是当之无愧的世界上最大的动物，它的体长可达 30 米左右，相当于 10 辆普通汽车首尾相连的长度；体重能超过 150 吨，约为 25 头成年非洲象的重量之和；舌头比一头大象还要重，心脏和一辆小汽车差不多大，血管粗到足以让一个小孩在里面自由穿梭"。这些精确的数字清晰地展现出蓝鲸庞大无比的体型，让读者对蓝鲸的巨大有了深刻的认识，增强了文章的说服力。

（三）作比较，突出说明对象差异

将两种或两种以上的事物进行比较，能够突出说明对象的特点。在介绍"骆驼"时，"骆驼的脚掌很大，比人的脚掌大好几倍。人的脚掌面积相对较小，在沙漠中行走时，容易陷入松软的沙子里；而骆驼宽大的脚掌，就像两个大大的蒲扇，能有效增大与地面的接触面积，减小对沙子的压强，使骆驼在沙漠中行走时如履平地，轻松自如，不容易陷入沙子里"。通过与人类脚掌的比较，骆驼脚掌适合在沙漠行走的特点一目了然，读者能够更清晰地理解骆驼独特的生理结构与生存环境的适应性。

（四）打比方，形象诠释抽象概念

打比方，也就是比喻的说明方法，将抽象的事物或复杂的事理比作具体、熟悉的事物，便于读者理解。如介绍"地球的形状"，"地球就像一个蓝色的大皮球，表面大部分被蔚蓝色的海洋覆盖，陆地则像是镶嵌在蓝色画布上的绿色宝石，分布在地球的各个角落。从太空中看，地球美丽而神秘，散发着独特的魅力"。打比方让地球的形状变得形象易懂，读者能够借助熟悉的皮球形象，轻松地想象出地球的大致模样，使抽象的地理知识变得生动有趣。

（五）分类别，条理梳理说明内容

按照一定的标准，将说明对象分成不同的类别进行介绍，能使说明更加条理清晰。如介绍"水果"，可分为"浆果类，如草莓、葡萄，它们通常果实柔软多汁，富含维生素和矿物质；核果类，如桃子、李子，这类水果有坚硬的果核，果肉鲜美多汁；柑橘类，如橙子、橘子，其果皮具有独特的香气，果肉酸甜可口，富含维生素 C"等。分类别使说明内容层次分明，便于读者了解各类水果的特点，对水果有更全面、系统的认识。

六、反复雕琢，让文章臻于完美

（一）自我审视，查漏补缺

1. 内容完整性

检查文章是否涵盖了说明对象的主要特征、功能、原理等方面。比如，写"自行车"，要仔细检查是否介绍了自行车的结构，包括车架、车轮、车把、脚踏板等部件的形状、材质和作用；骑行功能，如如何通过踩踏脚踏板驱动车轮前进，刹车系统如何控制车速，以及一些特殊部件，如变速装置在不同路况下的调节作用等。如果有遗漏，应及时补充相关内容，确保文章内容完整，能够全面地介绍说明对象。例如，在介绍自行车车架时，除了提及常见的三角形结构以保证稳定性，还可补充车架材质，如铝合金材质轻便且耐腐蚀，碳纤维材质则更具强度但成本较高。对于车轮，可进一步说明轮胎的花纹设计，其作用是增加与地面的摩擦力，在不同路面条件下提供更好的抓地力。

2. 语言准确性

查看文中的词汇使用是否恰当，数据是否准确。如在描述"飞机的速度"时，若写"飞机飞得很快，大概每小时能飞几百公里"，这样的表述就过于模糊和不准确。应查阅权威资料，准确表述为"常见的民航客机巡航速度约为每小时800—900 公里"。在说明文中，像"大概""差不多"这类模糊词汇应尽量避免。例如，在介绍"地球的年龄"时，不能说"地球好像存在了几十亿年"，而应准确表述为"地球的年龄约为 46 亿年"。对于一些专业术语，要确保理解准确并正确使用。如在写"植物的光合作用"时，不能将"叶绿体"误写成"绿色体"，要清晰解释光合作用是植物利用光能，将二氧化碳和水转化为有机物，并释放出氧气的过程。

3. 逻辑连贯性

梳理文章的整体逻辑，查看段落之间、句子之间的衔接是否自然流畅。比如，在介绍"太阳能热水器的工作原理"时，从集热器吸收太阳能，到热量传递给水箱中的水，再到热水的储存和使用，各个环节的描述要按照合理的逻辑顺序展开。段落之间可以使用过渡句，如"当集热器吸收太阳能后，接下来会发生什么呢？""通过这样的热量传递过程，水箱中的水逐渐升温，那么如何保证热水能够随时供应呢？"使读者能够轻松跟上作者的思路。在说明事物的发展变化时，时间顺序或逻辑顺序要清晰。以"蚕宝宝的一生"为例，不能将结茧和化蛾的顺序颠倒，要严格按照蚕宝宝孵化、成长、结茧、化蛾的时间线进行叙述。

4. 细节合理性

审视文中所描述的细节是否符合实际情况。比如，在写"我的宠物狗"时，提到狗狗喜欢吃苹果，但实际上大部分狗狗对苹果并不感兴趣，甚至有些狗狗可能会因苹果籽含有氰化物而不宜食用。这样的细节就需要修正。再如，介绍"沙漏"时，描述沙子流动的速度，不能过于夸张或不符合沙漏的实际构造。如果沙漏的颈部较细，沙子流动速度就会相对较慢，要根据实际情况合理描述，增强文章的可信度。

5. 说明方法恰当性

检查所运用的说明方法是否准确、恰当且有效。比如，使用举例子的方法时，所举的例子要能切实说明事物的特点。在介绍"动物的伪装"时，举例说"变色龙能根据周围环境改变颜色，如在绿色的树叶上，它就会变成绿色，与树叶融为一体，很难被发现"，这个例子就很恰当。若使用列数字的方法，数字要真实可靠且具有代表性。在介绍"摩天大楼的高度"时，不能随意编造数字，而应查阅准确资料，如"上海中心大厦总高度为 632 米，是中国目前第二高的建筑"。对于打比方、作比较等说明方法，要确保比喻恰当、比较合理，能帮助读者更好地理解说明对象。例如，将"地球的大气层"比作"地球的保护伞"，形象地说明了大气层对地球的保护作用；将"蓝鲸的舌头"与"一头大象"作比较，突出了蓝鲸舌头的巨大。

（二）多方求教，精益求精

1. 寻求老师指导

老师具有丰富的教学经验和专业知识，能从多个角度提出宝贵的修改建议。将写好的说明文交给老师，老师可能会指出文章在内容深度、结构合理性、语言规范性等方面存在的问题。比如，老师可能会建议在介绍"太阳系"时，增加一些关于行星之间引力关系的说明，使文章内容更丰富、更具科学性。在结构方面，老师可能会发现文章某些段落顺序不合理，如在介绍"汽车的构造"时，将发动机的介绍放在最后，而通常发动机作为汽车的核心部件，应在开头或靠前的位置进行重点介绍，以便读者对汽车有整体的认识。在语言规范性上，老师会纠正语法错误、标点符号使用不当等问题，如"我喜欢我的书包，它有很多功能比如装书、装文具，它的颜色也很漂亮"应改为"我喜欢我的书包，它有很多功能，比如装书、装文具；它的颜色也很漂亮"。

2. 开展同学互评

同学之间的交流能带来不同的视角。与同学互相阅读作文，同学可能会从读者的角度提出一些有趣的看法。比如，在写"我的玩具小熊"时，同学可能会觉得对小熊外貌的描写不够生动，建议增加一些细节，如小熊眼睛是黑溜溜的，像两颗黑宝石，鼻子是棕色的，小小的，摸起来很光滑。同学还可能会指出文章中某些表述不够清晰的地方，如在介绍"拼图游戏"时，写道"这个拼图很难拼，有很多小块"，同学可能会建议明确说明拼图的块数、难度级别以及拼图的主题等，使介绍更具体。通过同学互评，能发现自己文章中一些容易被忽视的问题，同时也能学习到同学文章中的优点，如独特的写作思路、新颖的表达方式等。

3. 聆听家长反馈

家长对孩子的写作也能提供帮助。家长可从文章的可读性、趣味性等方面给予反馈。如家长可能会觉得孩子写的"微波炉的使用方法"过于枯燥，建议加入一些生活场景，如"当你放学回家，肚子饿了，就可以用微波炉快速加热食物，只需将食物放在专用容器里，关上炉门，按一下加热按钮，不一会儿，香喷喷的食物就出炉啦"。这样能使文章更贴近生活，增加趣味性。家长还可能会根据自己的生活经验，对文章中的一些内容进行补充。比如，在写"如何种植蒜苗"时，家长可能会告诉孩子在种植过程中，要注意定期换水，避免蒜苗根部腐烂，这些实际经验能丰富文章内容，使文章更具实用性。

第四章　议论文写作

第一节 议论文的特点和结构

议论文是一种以议论为主要表达方式，通过摆事实、讲道理，直接表达作者观点和主张的常用文体。它在各类写作中占据重要地位，具有论点明确、论据充分、论证严密、逻辑性强、语言准确犀利等显著特点。本文将详细剖析议论文的这些特点，并结合丰富的案例进行深入阐释，以帮助学生更好地理解和掌握议论文的写作与阅读技巧。

（一）论点的明确性

论点是议论文的核心与灵魂，犹如文章的航标，引领着整个论述的方向。它是作者对所论述问题的见解和主张，必须清晰、准确、毫不含糊地呈现出来。明确的论点能够让读者迅速抓住文章的主旨，知晓作者的立场和观点。

例如，在苏洵的《六国论》中，开篇便提出"六国破灭，非兵不利，战不善，弊在赂秦"这一明确的论点。苏洵针对六国灭亡这一历史事件，直接表明自己的观点，即六国灭亡的根本原因不在于武器装备和作战策略，而是在于割地贿赂秦国。这一论点简洁明了，贯穿全文，使得读者在阅读伊始就对作者的核心观点有了清晰的认识。随后，作者围绕这一论点展开论述，从"赂秦而力亏，破灭之道也"以及"不赂者以赂者丧，盖失强援，不能独完"两个方面进行详细论证，进一步强化了论点的说服力。

再如，鲁迅的《拿来主义》一文，论点同样十分明确——"我们要运用脑髓，放出眼光，自己来拿！"鲁迅针对当时国内对待文化遗产的各种错误态度，鲜明地提出了自己的主张，强调要主动、理性地去借鉴和吸收外来文化及本国文化遗产中的精华部分。这一论点直接切中时弊，为文章的论述奠定了坚实的基础，引导读者深入思考在文化交流与传承过程中应持有的正确态度。

在写作议论文时，明确论点是首要任务。作者需对所讨论的问题进行深入思考，提炼出自己的核心观点，并以简洁、直接的语言表述出来。同时，论点应具有一定的针对性和现实意义，能够引发读者的关注与思考。

（二）论据的充分性

论据是支撑论点的材料，是作者用来证明论点的理由和依据。充分的论据能够使论点更加坚实可信，增强文章的说服力。论据可以分为事实论据和道理论据两大类。

1. 事实论据

事实论据是指通过具体的事例、史实、数据等来证明论点的材料。"事实胜于雄辩",真实、典型的事实论据往往具有强大的说服力。

以吴晗的《谈骨气》为例,文章为了论证"我们中国人是有骨气的"这一论点,列举了三个典型的事实论据:南宋末年文天祥拒不降元,慷慨就义,表现出富贵不能淫的骨气;古代一个穷人宁愿饿死也不食"嗟来之食",体现了贫贱不能移的骨气;民主战士闻一多面对国民党反动派的手枪,拍案而起,横眉怒对,宁可倒下去,不愿屈服,展现了威武不能屈的骨气。这三个事例涵盖了不同的历史时期和不同的人物身份,从多个角度有力地证明了论点,让读者深刻感受到中国人自古以来就具有的骨气。

又如,在论述"科技创新对国家发展的重要性"这一论点时,可以列举大量的事实论据。如中国近年来在航天领域取得的巨大成就,"天问一号"开启火星探测之旅,"嫦娥五号"实现地外天体采样返回,这些成果彰显了中国在航天科技方面的创新实力,有力地推动了国家在太空探索、国防安全等多方面的发展。再如,华为公司坚持自主创新,投入大量资源进行技术研发，在 5G 通信技术领域取得领先地位，不仅提升了自身在全球通信市场的竞争力，也为中国通信产业的发展作出了重要贡献。通过这些具体的事例，能够清晰地阐述科技创新对国家发展的重要推动作用，使论点更具说服力。

2. 道理论据

道理论据是指经过实践检验的、为社会所公认的正确理论，包括经典著作中的理论、名言警句、科学原理、定律等。道理论据能够为论点提供权威性的支持，增强文章的理论深度。

例如，在论证"学习需要持之以恒"这一论点时，可以引用荀子《劝学》中的"锲而舍之，朽木不折；锲而不舍，金石可镂"。这句名言深刻地阐述了坚持不懈对于学习的重要性，通过引用经典名言，使论点得到了有力的支撑。又如，在论述"环境保护的紧迫性"时，可以引用科学研究得出的关于全球气候变化的数据以及生态学家提出的生态平衡理论等道理论据。如科学家指出，由于温室气体排放增加，全球平均气温在过去一个世纪中显著上升，这导致了冰川融化、海平面上升、极端天气事件增多等一系列环境问题。这些科学数据和理论为"环境保护刻不容缓"这一论点提供了坚实的理论依据，使读者能够更加深刻地认识到环境保护的重要性和紧迫性。

在运用论据时，需要注意论据的真实性、典型性和针对性。所选用的论据必须真实可靠，不能虚构或歪曲事实；要具有典型性，能够代表一类事物的普遍特征，以增强论据的说服力。同时，论据要与论点紧密相关，能够直接有效地证明论点。只有充分运用丰富、恰当的论据，才能使议论文的论点站得住脚，让读者信服。

（三）论证的严密性

论证是议论文中运用论据来证明论点的过程和方法，它是连接论点和论据的桥梁。严密的论证能够使论点与论据有机结合，形成一个逻辑严谨、条理清晰的论述体系。常见的论证方法有举例论证、道理论证、对比论证、比喻论证等。

1.举例论证

举例论证是通过列举具体事例来论证论点的方法，如前文提到的《谈骨气》中列举文天祥、穷人、闻一多的事例来论证"中国人有骨气"的论点。在使用举例论证时，要注意事例的代表性和叙述的简洁性。事例应能够充分证明论点，且叙述时应重点突出与论点相关的部分，避免冗长烦琐的描述。

2. 道理论证

道理论证是运用经典著作中的精辟见解、古今中外名人的名言警句以及人们公认的定理公式等来证明论点。如在论述"诚信是做人之本"时，引用孔子的"人而无信，不知其可也"。道理论证能够增强文章的权威性和说服力，但在引用时要确保所引用的内容准确无误，并对其进行适当的阐释和分析，使其与论点紧密结合。

3. 对比论证

对比论证是把两种事物加以对照、比较后，推导出它们之间的差异点，使结论映衬而出的论证方法。例如，在论述"勤奋与懒惰对人生的影响"时，可以将勤奋者通过努力取得成功的事例与懒惰者因懈怠一事无成的事例进行对比。如爱迪生一生勤奋发明无数，为人类社会的进步作出了巨大贡献；而与之形成鲜明对比的是，有些人整天无所事事，虚度光阴，最终一事无成。通过这样的对比，能够更加突出勤奋的重要性和懒惰的危害性，使论点更加鲜明有力。

4. 比喻论证

比喻论证是用人们熟知的事物作比喻来论证观点的正确性。如鲁迅在《拿来主义》中，将文化遗产比作一座大宅子，把对待文化遗产的错误态度分别比作"孱头""昏蛋""废物"，而正确的"拿来主义"则是要"占有，挑选"，像"鱼翅"一样的精华部分要吸收，像"鸦片"一样有害但可利用的部分要合理使用，像"烟枪和烟灯""姨太太"等糟粕部分要坚决摒弃。通过生动形象的比喻，将抽象的道理具体化，使读者更容易理解和接受作者的观点。

论证过程必须遵循一定的逻辑规则，环环相扣，步步深入。从提出问题到分析问题再到解决问题，每个环节都要紧密围绕论点展开，使整个论证过程无懈可击。同时，不同的论证方法可以结合使用，相互补充，以增强论证的效果。

（四）逻辑性强

议论文的逻辑性体现在文章的结构布局和论证过程中。合理的结构布局能够使文章层次分明、条理清晰，便于读者理解作者的思路和观点。常见的议论文结构有"总—分—总""总—分""分—总"等形式。

1."总—分—总"结构

以《六国论》为例，文章开篇提出"六国破灭，弊在赂秦"的总论点，然后从"赂秦而力亏，破灭之道也"和"不赂者以赂者丧，盖失强援，不能独完"两个方面进行分论，分别阐述赂秦的国家和不赂秦的国家灭亡的原因，最后总结全文，得出"为国者无使为积威之所劫哉"的结论，强调治理国家的人不要被敌人的积威所吓倒。这种"总—分—总"的结构使文章层次清晰，逻辑严谨，论点突出。

2."总—分"结构

例如，在论述"互联网对社会生活的影响"时，可以先提出总论点"互联网深刻改变了社会生活的各个方面"，然后分别从互联网对信息传播、社交方式、商业活动等方面的影响进行分述。如在信息传播方面，互联网使信息传播速度极快，范围极广，人们可以在瞬间获取世界各地的新闻资讯；在社交方式上，互联网打破了时空限制，让人们能够随时随地与他人进行沟通交流；在商业活动中，电子商务的兴起改变了传统的商业模式，促进了经济的发展。通过这种"总—分"结构，从不同角度对总论点进行深入阐述，使读者能够全面了解互联网对社会生活的影响。

3."分—总"结构

比如，在探讨"传统文化传承的意义"时，可以先分别论述传统文化在增强民族认同感、丰富精神世界、推动经济发展等方面的作用。如传统文化中的民俗节日能够增强民族凝聚力，使人们对自己的民族身份有更深刻的认同；传统文学艺术作品能够丰富人们的精神世界，提升审美水平；一些传统文化产业如民俗旅游等能够带动地方经济发展。最后总结得出"传统文化传承对于国家和民族的发展具有不可忽视的重要意义"的结论。这种"分—总"结构先分述具体内容，最后归纳总结，使文章的逻辑逐渐清晰，结论水到渠成。

在论证过程中，要遵循逻辑推理的基本规则，如同一律、矛盾律、排中律等。论点要始终保持一致，不能在论述过程中随意变换；论据与论点之间要有必然的逻辑联系，不能出现论据与论点脱节的情况；论证过程要严谨，不能出现逻辑漏洞。只有具备较强的逻辑性，议论文才能具有说服力，让读者信服作者的观点。

（五）语言准确犀利

议论文的语言要求准确、严密、鲜明、生动，尤其强调准确犀利。准确是指用词恰当、表意明确，能够精准地表达作者的思想观点。严密则体现在语言的逻辑性上，避免出现歧义或逻辑错误。鲜明是指语言要明确表达作者的态度和立场，不模棱两可。犀利则是指语言具有较强的批判性和针对性，能够直击问题的要害。

例如，鲁迅的文章语言就具有鲜明的犀利特点。在《"友邦惊诧"论》中，鲁迅针对国民党反动派污蔑学生请愿是"捣毁机关，阻断交通，殴伤中委，拦劫汽车，攒击路人及公务人员，私逮刑讯，社会秩序，悉被破坏"的荒谬言论，以及所谓"友邦人士，莫名惊诧，长此以往，国将不国"的论调，进行了有力的批驳。他写道："好个'友邦人士'！日本帝国主义的兵队强占了辽吉，炮轰机关，他们不惊诧；阻断铁路，追炸客车，捕禁官吏，枪毙人民，他们不惊诧。中国国民党治下的连年内战，空前水灾，卖儿救穷，砍头示众，秘密杀戮，电刑逼供，他们也不惊诧。在学生的请愿中有一点纷扰，他们就惊诧了！"鲁迅通过一系列排比句，将"友邦人士"对日本帝国主义侵略行为和国民党反动统治暴行的冷漠与对学生请愿的"惊诧"进行鲜明对比，语言犀利，一针见血地揭露了"友邦人士"的虚伪面目和国民党反动派的卖国本质。

又如，在论述社会热点问题时，评论文章往往会运用准确犀利的语言来表达观点。如在批判一些企业为追求经济利益而忽视产品质量的现象时，会写道："某些企业一味地追逐利润，全然不顾消费者的生命健康，将产品质量视为儿戏。这种短视行为不仅严重损害了消费者的权益，也扰乱了市场秩序，其恶劣行径必须受到严厉谴责和法律制裁。"这样的语言准确地指出了企业行为的错误本质，态度鲜明，具有很强的批判性。

在议论文写作中，要注重对语言的锤炼，选择恰当的词汇和句式来表达观点。同时，要善于运用修辞手法、引用名言警句等方式来增强语言的表现力和感染力，但要确保语言的准确性和严密性，避免因追求文采而影响了内容的表达。

综上所述，议论文具有论点明确、论据充分、论证严密、逻辑性强、语言准确犀利等特点。这些特点相互关联、相互影响，共同构成了议论文独特的文体特征。无论是在写作议论文还是阅读议论文时，深入理解和把握这些特点，都有助于提高写作水平和阅读能力，更好地发挥议论文在表达观点、传播思想、启迪智慧等方面的作用。

第二节　议论文写作技巧

议论文作为一种重要的文体，在小学阶段开始接触与学习，有助于培养孩子们的逻辑思维和批判性思维能力。小学议论文写作虽不像中学或大学阶段那样要求高深的理论和复杂的论证，但也有其独特的技巧和要点，掌握好这些，能让小学生在议论文写作中脱颖而出。

一、找准论点：开启议论之旅

1. 源于生活，关注日常

小学阶段的议论文论点应紧密联系孩子们的日常生活。例如，从校园生活中，孩子们可以发现"遵守课堂纪律很重要"这一论点。在课堂上，遵守纪律能保证老师顺利授课，同学们专心听讲，大家都能更好地学习知识。像有的同学上课随意讲话，不仅自己无法集中精力，还会影响周围同学，导致整个课堂秩序混乱，学习效果大打折扣。从家庭生活出发，"自己的事情自己做能培养独立性"也是一个贴合实际的论点。孩子们在日常生活中，自己穿衣、整理书包、打扫房间等,能逐渐学会照顾自己,为未来独立面对生活做好准备。

2. 从兴趣爱好挖掘

每个孩子都有自己的兴趣爱好,这也是寻找论点的宝库。热爱阅读的孩子可以提出"阅读能开阔视野"的论点。通过阅读不同类型的书籍,如科普读物能让孩子了解宇宙的奥秘、自然的神奇;文学作品能带孩子领略不同的人生百态、情感世界。喜欢运动的孩子则能以"运动有益身体健康"为论点。运动可以增强体质,让孩子少生病,像跑步能锻炼腿部肌肉,提高心肺功能;跳绳能训练手脚协调性等。

3. 从社会现象思考

引导孩子关注一些简单的社会现象,也能提炼出论点。比如,看到城市中垃圾分类的推行,可提出"垃圾分类,从我做起"的论点。通过垃圾分类,能减少环境污染,实现资源的回收利用,让城市更加整洁美观。当孩子看到一些公共场所不文明行为时,如随地吐痰、乱扔垃圾等,就能思考"文明行为,共创美好环境"的论点,明白每个人的行为都对社会环境有着重要影响。

二、精选论据：为论点筑牢根基

1. 巧用自身经历

小学生最熟悉的就是自己的经历，用自身事例作为论据，能让文章更具真情实感。在论证"坚持就是胜利"这一论点时，孩子可以讲述自己学习骑自行车的经历。一开始总是摔倒，想要放弃，但在爸爸妈妈的鼓励下坚持练习，最终学会了骑自行车，深刻体会到坚持带来的成功喜悦。又如在论述"友谊很珍贵"时，可举例自己有一次生病，好朋友主动帮忙记作业，还来家里看望自己，让自己感受到了友谊的温暖和重要性。

2. 借鉴身边故事

除了自身经历，身边同学、家人或朋友的故事也是很好的论据来源。在说明"团结力量大"时，可讲述班级参加拔河比赛的故事。比赛中，同学们齐心协力，心往一处想，劲往一处使，最终赢得了比赛，充分体现了团结的力量。再如，在论证"尊重他人能收获尊重"时，可提及妈妈总是礼貌对待小区的保安叔叔，每次见面都热情打招呼，后来保安叔叔也特别关照妈妈，在妈妈忘记带门禁卡时主动帮忙开门，这就是尊重他人带来的积极回报。

3.运用名人故事

适当引用一些简单易懂的名人故事，能增强文章的说服力。在论述"勤奋能成功"时，可讲述爱迪生发明电灯的故事。爱迪生为了找到合适的灯丝材料，做了上千次实验，最终成功发明电灯，给人类带来了光明，他的成功正是源于不懈的勤奋。在阐述"要有梦想并为之努力"时，可讲周恩来总理从小立下"为中华之崛起而读书"的志向，并为之奋斗一生，最终为国家和人民作出了巨大贡献的故事。

三、合理论证：让观点站稳脚跟

1.简单举例论证

这是小学生最常用的论证方法。例如，在论证"好习惯能让人受益终身"时，可列举几个具体的好习惯及带来的好处。早睡早起的习惯能让孩子每天精神饱满，学习效率更高；饭前便后洗手的习惯能减少细菌感染，保持身体健康；定期整理学习用品的习惯能让孩子更快找到需要的东西，节省时间。通过这些具体例子，清晰地展现好习惯的重要性。

2.尝试对比论证

对比论证能让论点更加鲜明突出。在论述"诚实比说谎好"时，可对比诚实和说谎的不同结果。诚实的孩子犯错误后主动承认，会得到大人的原谅和教导，还能从错误中吸取教训；而说谎的孩子可能一时逃避了惩罚，但谎言一旦被揭穿，会失去他人的信任，还可能导致更严重的后果。通过这样的对比，孩子们能深刻理解诚实的价值。

3. 运用比喻论证

比喻论证能把抽象的道理变得形象生动，易于理解。在解释"读书像一把钥匙，能打开知识的大门"这一论点时，可进一步说明读书就像拿着钥匙去开启一扇扇未知的门，每一本书都是一把独特的钥匙，打开后能看到不同的知识世界，可能是神奇的童话王国，可能是神秘的历史长河，也可能是奇妙的科学天地，让孩子们更直观地感受到读书的作用。

四、搭建结构：构建清晰框架

1. 总分总结构

开头总述：开篇点明论点，直接清晰地表达自己的观点。例如，在写"爱护环境，人人有责"的议论文时，开头可写道："地球是我们共同的家园，环境的好坏直接影响着我们的生活。所以，爱护环境，人人有责。"这样简洁明了的开头，能迅速抓住读者的注意力，让读者明白文章的核心观点。

中间分述：围绕论点展开论述，可从不同方面举例说明。对于"爱护环境，人人有责"，可以从日常生活中的小事入手，如"在校园里，我们要随手捡起地上的纸屑，保持校园环境整洁。这不仅能让我们拥有一个舒适的学习环境，还能培养我们爱护环境的意识""在家里，我们要做好垃圾分类，将可回收物、有害垃圾和其他垃圾分开投放。这样能让垃圾得到合理处理，减少对环境的污染""在公共场所，我们要爱护花草树木，不随意践踏草坪、采摘花朵。花草树木能美化环境、净化空气，是我们生活中不可或缺的一部分"。通过这些不同场景的具体事例，从多个角度论证论点。

结尾总结：对前文的论述进行总结，再次强调论点，并适当升华主题。结尾可写："爱护环境，不仅仅是为了我们自己，更是为了我们的子孙后代。让我们每个人都行动起来，从身边的小事做起，共同守护我们美丽的家园。"这样的结尾既呼应了开头，又让读者对爱护环境的重要性有更深刻的认识。

2. 总分结构

开头总起：提出论点，如"坚持锻炼对身体好"。

分点论述：详细阐述坚持锻炼在不同方面对身体的益

处。"坚持锻炼能增强我们的体质，让我们少生病。比如，每天早上跑步，能提高我们的心肺功能，使我们在运动或学习时更有耐力""坚持锻炼还能促进骨骼发育，让我们长得更高更壮。像跳绳、打篮球等运动，能刺激骨骼生长，对我们小学生的身体发育非常有帮助""而且，坚持锻炼能改善我们的睡眠质量。经过一天的学习，晚上进行适当的锻炼，如散步，能让我们身心放松，晚上睡得更香，第二天更有精神"。通过这些分点论述，全面地论证了坚持锻炼对身体好这一论点。

3. 分总结构

分述部分：先列举具体事例，如在论述"学习要讲究方法"时，可分别举例"有的同学在学习数学时，通过做大量的练习题来巩固知识，但效果并不理想。而有的同学则会先理解知识点，然后通过举一反三的方式来解题，学习效率大大提高""在学习语文时，有的同学死记硬背课文，很快就忘记了。但有的同学会先理解课文内容，再通过讲述故事、角色扮演等方式来记忆，不仅记得牢，还能更好地理解课文的含义"。

总结部分：根据前面的事例总结出论点，"从这些例子可以看出，学习要讲究方法。只有找到适合自己的学习方法，才能提高学习效率，取得更好的成绩"。这种结构能让读者通过具体事例逐步理解作者想要表达的观点，最后恍然大悟。

五、锤炼语言：让表达更具力量

1. 用词准确恰当

小学生在写作时，要尽量使用准确的词汇来表达自己的意思。在描述一件事情时，不能使用模糊不清的词语。比如，在写"天气很热"，可以更准确地描述为"天气酷热难耐，太阳像个大火球炙烤着大地，柏油马路都被晒得发软"。在表达观点时，也要用词精准。例如，在论述"遵守交通规则很重要"时，不能说"遵守交通规则有点重要"，而应明确表述为"遵守交通规则至关重要，它关系到我们每个人的生命安全"。

2. 语句通顺流畅

写议论文时，要注意语句的通顺，避免出现语病。每个句子之间要有合理的逻辑关系，不能前言不搭后语。比如，"我喜欢读书，读书能让我增长知识。而且，我也喜欢画画，画画能让我发挥想象力"，这两句话之间的逻辑联系不紧密，可改为"我喜欢读书，因为读书能让我增长知识；我也喜欢画画，因为画画能让我发挥想象力"，这样句子之间的逻辑就清晰了。

3.适当运用修辞

在议论文中适当运用比喻、拟人、排比等修辞手法，能让文章更生动形象，增强说服力。例如，在论述"书籍是我们的好朋友"时，可写道："书籍像一位耐心的老师，为我们答疑解惑；书籍像一把神奇的钥匙，为我们打开知识的宝库；书籍像一盏明亮的灯塔，在我们迷茫时照亮前行的道路。"通过排比和比喻的修辞手法，生动地展现了书籍的重要作用。

六、反复修改：成就佳作

1.检查论点是否明确

完成初稿后，要检查论点是否清晰地表达出来，有没有在文章中反复强调。如果论点模糊，读者就难以理解文章的主旨。例如，在写"努力学习很重要"的议论文时，要检查是否在开头、中间论述和结尾总结中都明确提及了这一论点，有没有偏离主题。

2.查看论据是否充分

检查所选用的论据是否能有力地支持论点，论据是否真实可靠。如果论据不足或不恰当，论点就缺乏说服力。比如，在论证"坚持就能成功"时，只举了一个简单的例子，可能说服力不够，可再补充一些其他坚持获得成功的事例，如运动员坚持训练获得冠军，科学家坚持研究取得重大突破等，使论据更加充分。

3. 审视论证是否合理

检查论证过程是否符合逻辑，论证方法的运用是否恰当。比如，在使用对比论证时，对比的双方是否具有可比性，对比是否能突出论点。如果发现论证不合理的地方，要及时修改。例如，在对比两种学习方法时，不能只说一种方法好，而不具体说明另一种方法的不足，这样对比就不完整，无法有效论证论点。

4. 通读文章，润色语言

最后要通读文章，检查语句是否通顺，用词是否准确，有没有错别字和语病。对一些平淡的语句进行润色，让文章更具文采。比如，将"我喜欢看书"改为"我热爱沉浸在书的海洋里，感受文字带来的奇妙世界"，使语言更加生动形象。

小学议论文写作是一个逐步学习和积累的过程。通过找准论点、精选论据、合理论证、搭建结构、锤炼语言以及反复修改等步骤，孩子们能够逐渐掌握议论文的写作技巧，写出观点明确、论据充分、论证合理的优秀议论文，为今后的语文学习和思维发展打下坚实的基础。

第五章　诗歌写作

第一节　诗歌的基本元素和特点

诗歌，作为文学体裁中的一颗璀璨明珠，以其独特的魅力在人类文化长河中熠熠生辉。它用凝练的语言、丰富的情感和独特的形式，传递着人类对世界的感悟与思考。要深入了解诗歌，需先探究其基本元素和特点。

一、诗歌的基本元素

（一）韵律

韵律在诗歌中占据关键地位，主要包含平仄、对仗和押韵这三个重要方面。

平仄属于古诗词独有的音调规则。平声和仄声相互配合，巧妙组合，赋予诗歌独特的音乐美感。像"两个黄鹂鸣翠柳，一行白鹭上青天"，诗句中平仄交替，读来节奏明快、朗朗上口，让读者在诵读时能充分领略到独特的听觉享受，仿佛置身于美妙的音乐情境之中。

对仗强调句子之间词语的对称。以"海内存知己，天涯若比邻"为例，"海内"与"天涯"相对，"存知己"和"若比邻"呼应。这种对仗形式不仅使诗句在外观上工整和谐，从内容角度来看，二者相互映衬，进一步加深了诗歌所蕴含的情感，极大地拓展了诗歌营造的意境，让读者能更好地体悟其中的深意。

押韵就是诗句末尾的韵脚保持一致。李白的《静夜思》是绝佳范例，"床前明月光，疑是地上霜。举头望明月，低头思故乡"，句末的"光""霜""乡"押韵，使得整首诗充满节奏感与音乐性。这不仅便于读者记忆，还增强了诗歌的感染力，读者在吟诵过程中，更容易沉浸其中，深切感受诗人所传达的情感，引发强烈共鸣。

（二）意象

意象是诗歌中极为关键的构成要素，它是诗人借助视觉、听觉等感官方式呈现出的具体形象，是诗人用以表达情感与思想的重要载体。例如，在"孤帆远影碧空尽，唯见长江天际流"这句诗中，"孤帆""远影""碧空""长江"等意象相互组合，构建出一幅空旷且悠远的画面。诗人正是凭借这样的意象组合，细腻地表达出对友人离去的不舍与惆怅之情。此外，诗人还常运用比喻、拟人等修辞手法来创造丰富多彩的意象，从而引发读者强烈的情感共鸣。比如，"碧玉妆成一树高，万条垂下绿丝绦"，诗人将柳树比作碧玉，把柳枝比作绿丝绦，生动形象地塑造出柳树婀娜多姿的意象，让读者能深切感受到春天柳树的勃勃生机。

（三）节奏

诗歌的节奏在营造诗歌独特韵味与情感氛围方面起着关键作用。它主要通过诗行间的空格、标点以及音节来构建，进而赋予诗歌音乐般的韵律。不同的节奏能够营造出截然不同的氛围和情感基调。以杜甫的《登高》为例，"风急天高猿啸哀，渚清沙白鸟飞回。无边落木萧萧下，不尽长江滚滚来"，诗句节奏急促，仿佛能让人感受到狂风的呼啸、落叶的纷飞，有力地烘托出雄浑悲凉的气氛。而在一些田园诗里，如"采菊东篱下，悠然见南山。山气日夕佳，飞鸟相与还"，其节奏较为舒缓，宛如潺潺溪流，缓缓地展现出宁静闲适的生活场景，让读者仿佛置身于悠然自得的田园之中。

（四）用典

在诗词创作中，用典是一种常见且极具表现力的手法。诗人常常引用历史典故或古代名句，以此增加诗歌的文化深度与艺术效果。辛弃疾在《永遇乐·京口北固亭怀古》中写道"元嘉草草，封狼居胥，赢得仓皇北顾"，这里引用了南朝宋文帝刘义隆草率北伐最终失败的典故。诗人通过这一用典，巧妙地借古讽今，深刻地表达出对南宋朝廷草率北伐行为的担忧与批判，使得诗歌的内涵更加丰富深厚。又如李商隐的《锦瑟》中"庄生晓梦迷蝴蝶，望帝春心托杜鹃"，分别运用了庄周梦蝶和望帝化鹃的典故，为诗歌增添了神秘而深沉的意蕴，引发读者无尽的遐想与思考。

二、诗歌的特点

（一）语言凝练

诗歌以极少的文字传达丰富的内涵。例如，"大漠孤烟直，长河落日圆"，短短十个字，便勾勒出广袤沙漠中孤烟升腾、黄河尽头落日浑圆的壮阔画面，尽显塞外风光的雄浑。诗人精准地选取最具代表性的意象，运用高度概括的语言，将复杂的情感与宏大的场景浓缩其中，让读者在有限的词句里感受到无尽的韵味。

（二）节奏鲜明

韵律是诗歌的生命律动。白居易在《赋得古原草送别》中以"野火烧不尽，春风吹又生"展现了精妙的声律设计：前句仄起仄收（仄仄平仄仄），后句平起平收（平平平仄平），通过平仄交替形成抑扬顿挫的节奏感。"尽"与"生"虽属仄平异声，却在整体语境中构建出回环往复的韵律美，既暗合草木枯荣的生命循环，又通过声韵的起伏传递出对自然生命力的礼赞，使文字在吟诵间获得超越视觉的听觉感染力。现代诗歌虽无古体诗那般严苛的格律要求，但通过分行、停顿以及重音的安排，同样形成独特节奏。如"轻轻的我走了，正如我轻轻的来；我轻轻的招手，作别西天的云彩"，节奏轻盈舒缓，与诗歌表达的悠然情感相得益彰，读者在诵读时能深切感受到诗歌的音乐性。

（三）意象丰富

意象是诗人主观情思与客观物象的融合。在"孤帆远影碧空尽，唯见长江天际流"中，"孤帆""远影""碧空""长江"等意象组合，营造出空旷悠远的意境，深刻传达出诗人对友人离去的不舍。诗人借助这些具体可感的意象，将抽象的情感具象化，使读者更易产生共鸣，深入体会诗歌的情感内核。

（四）情感真挚浓烈

诗歌是情感的载体，诗人将内心强烈的情感融入作品。无论是李白"仰天大笑出门去，我辈岂是蓬蒿人"的豪放洒脱，还是杜甫"感时花溅泪，恨别鸟惊心"的忧国忧民，抑或是李清照"寻寻觅觅，冷冷清清，凄凄惨惨戚戚"的愁苦孤寂，都饱含着诗人真挚的情感。这些情感或激昂，或沉郁，或婉约，直抵读者心灵深处，引发强烈的情感触动。

（五）想象奇特

诗歌常借助想象突破现实束缚，创造奇幻的艺术世界。李贺在《梦天》中写道"老兔寒蟾泣天色，云楼半开壁斜白。玉轮轧露湿团光，鸾珮相逢桂香陌"，描绘出月亮上老兔寒蟾哭泣、云雾缭绕、仙女相逢的奇异景象，展现出超凡的想象力。这种奇特想象拓宽了诗歌的表现空间，为学生带来新奇独特的审美体验，让诗歌充满神秘魅力。

第二节 诗歌写作技巧

在小学生的诗歌创作中，几个关键要素对他们能否创作出优秀作品起着决定性作用。这些要素涵盖主题选择、语言运用、结构搭建、形象塑造以及情感表达等方面。

（一）主题选择：契合生活，激发情感

主题的恰当选择在小学生诗歌创作中占据着极为重要的地位。一个贴合他们认知水平与兴趣爱好的主题，宛如一把钥匙，能够开启他们创作热情的大门，同时引领他们在创作过程中收获深刻的情感体验与思维启迪。

小学生的诗歌创作应紧密围绕日常生活展开，以他们最为熟知且感兴趣的事物作为切入点。自然、友谊、成长和梦想等主题，与小学生的生活息息相关，能够为他们提供丰富的创作素材，帮助他们借助诗歌抒发情感、进行思考。

自然：大自然充满着无尽的魅力与变化，时刻激发着孩子们的好奇心与敏锐的观察力。从四季的有序更迭，到动植物的奇妙生长过程，乃至天上变幻多姿的云彩、闪烁的星星，都是孩子们在日常生活中频繁接触并深切感受的自然景

象。通过对这些熟悉景物的描绘，孩子们能够更加深刻地领悟自然界的神奇与和谐之美，同时在诗歌创作中尽情倾诉自己与自然之间的亲密情感。比如，他们可以通过诗歌生动展现春天绽放的花朵、夏天洒落的雨水、秋天累累的果实以及冬天皑皑的雪景等，每一处细微的自然景观都能成为他们传递情感的有效载体。

友谊：在小学生的生活里，朋友是他们最为亲近的伙伴，也是分享喜怒哀乐的重要对象。在诗歌创作范畴，友谊不仅可作为情感表达的核心主题，还能借助具体的事例与细节，生动展现出友谊的温暖与珍贵价值。小学生能够通过诗歌回忆与朋友共同度过的欢乐时光，或者表达对朋友的衷心感激与美好祝福。这种情感的抒发，不仅有助于他们构建积极健康的人际关系，还能让他们在诗歌创作过程中真切体会到情感交流所蕴含的强大力量。

成长：从身高的逐渐增长到学习成绩的稳步提升，成长过程中充满了探索与新发现。在这一阶段，孩子们开始清晰地意识到自己正逐步从孩童向青少年转变，随之而来的是许多全新的体验与感悟。成长这一主题能够引导孩子们借助诗歌反思自身的成长经历，表达对成长的独特理解与美好期望。诗歌不仅能够记录成长过程中的点滴变化，还能发挥激励作用，鼓励孩子们积极乐观、勇敢无畏地面对成长道路上的各种挑战与困难。

梦想：每个孩子心中都怀揣着属于自己的独特梦想，它宛如灯塔，是他们努力奋进的动力源泉。孩子们可以在诗歌创作中自由地抒发对未来的美好憧憬，描绘自己期望成为的理想模样或渴望实现的目标。梦想这一主题，不仅能够助力他们明确人生方向，还能极大地激发他们内心潜藏的无限创造力。通过诗歌创作，他们能够在充满幻想的世界里尽情遨游，勇敢地追逐心中的梦想之光。

（二）语言运用：简洁为基，畅意表达

诗歌作为一种高度凝练的艺术形式，其核心在于运用简洁的语言传递深邃的情感与思想。对于正处于语言学习与发展阶段的小学生而言，采用简单、明晰的语言进行诗歌创作，具有不可忽视的积极意义。

简单的语言有助于小学生深入理解诗歌内涵。复杂生僻的词汇与晦涩拗口的句式，容易在他们阅读与创作诗歌时形成理解上的阻碍，进而影响其参与诗歌创作的热情与积极性。例如，"潋滟""氤氲"这类生僻词，或是"在那深邃而又广袤无垠的夜空中，闪烁着的繁星宛如镶嵌在黑色绸缎上的宝石"这样冗长复杂的句子，小学生理解起来会颇为吃力。

相反，简单清晰的语言能让他们快速把握诗歌的主旨，将注意力集中在诗歌所传达的情感与意境上。如"星星在夜空眨眼睛"，短短几个字，既生动又易懂。

同时，简单的语言能够有效激发小学生的创作兴趣与表达欲望。当他们能够轻松地将内心的想法和感受用直白的语言呈现出来时，会获得一种创作的成就感，从而更愿意积极投入到诗歌创作中。像"我喜欢春天，花儿都开啦，五颜六色真好看"，这样的表述简单质朴，却真实地展现了孩子对春天的喜爱，让他们在创作中感受到乐趣。

从语言的本质功能来看，诗歌强调通过简短且富有韵律的语句，将情感与意境精准地传递给读者。过于复杂的语言，会使孩子们在理解与表达过程中遭遇重重困难，导致他们失去创作诗歌的乐趣。简单直白的语言，能让孩子们毫无负担地将内心世界清晰地展现出来。例如，"阳光照，花儿笑，我在草地上蹦蹦跳"，这种简单的表述，生动地描绘出孩子在阳光下玩耍的快乐场景，无须堆砌过多华丽的辞藻与复杂的修辞手法。

考虑到小学生的语言理解能力和词汇储备量相对有限，复杂的句式和词汇无疑会增加他们理解诗歌的难度。简洁的语言不仅能帮助他们迅速领会诗歌的核心要义，还能使他们在创作过程中更好地驾驭诗歌的结构。以一首关于友谊的诗歌为例，"你是我的好朋友，一起游戏乐悠悠"，这样简单明了的表述，孩子们既能轻松理解其中的情感，在创作时也能以此为范例，自如地表达自己对友谊的感悟。

诗歌独特的韵律感和节奏感，往往通过简单的语言和结构得以充分彰显。复杂的句式和生僻的词汇，会使孩子们在朗读和记忆诗歌时困难重重，进而影响他们对诗歌的理解与感受。而简洁的语言和清晰的句式，能够让孩子们轻松记住诗歌内容，在朗读和背诵过程中深刻感受诗歌语言的音乐性与美感。例如，简单的诗句"一二三四五，上山打老虎"，节奏明快，朗朗上口，易于记忆，孩子们在朗诵时能真切体会到诗歌的独特魅力。此外，简单的语言还为孩子们提供了更广阔的创作空间，让他们能够更加自由地进行情感和意境的表达，充分激发自身的创造力。比如，在描写梦想时，孩子们可以用"我想飞，像小鸟，去远方，看奇妙"这样简洁的语句，不受复杂词汇的束缚，自然地展现自己对未来的憧憬。

（三）结构搭建：规律有序，助力创作

诗歌的结构在小学生诗歌创作中起着至关重要的作用。简单明了的结构，不仅有助于小学生掌握诗歌创作的基本技巧，还能极大地增强他们的创作信心。

采用简洁的诗节和韵律结构，能够显著提升诗歌的节奏感，使诗歌在朗读时更具韵律之美。同时，这种结构能让学生在写作过程中更加专注于情感的抒发，避免因过度纠结复杂的格式问题而分散精力。

常见的诗歌结构形式，如每节四行，每行若干音节，这种结构具有简单且富有规律的特点，非常便于小学生理解和操作。四行诗节作为一种常见且易于掌握的结构形式，简洁有序，既能完整地展现诗歌的整体架构，又不会给学生带来过重的写作压力。每节四行的诗歌结构，就像是为孩子们的创作搭建了一个清晰的框架，为他们提供了明确的创作方向，使他们不至于在创作过程中因结构的复杂而迷失思路。在这有限的四行空间内，孩子们能够充分发挥自己的想象力，精准地传达丰富的情感。

每行诗歌的音节数量，可以根据小学生的语言能力和表达需求进行灵活调整。一般来说，每行诗歌的音节数不宜过多，简洁的音节结构更有助于孩子们掌控诗歌的节奏感，增强诗歌的韵律美感。与此同时，合理运用押韵规律，能够进一步提升诗歌的音韵效果，让诗歌在朗读时更加富有节奏和音乐性。例如，采用简单的押韵方式，如"a、a、b、b"或

"a、b、a、b"，不仅便于小学生记忆和背诵，还能让他们在
创作过程中真切地体会到诗歌的韵律之美，从而激发他们对
诗歌创作的浓厚兴趣。

清晰的诗歌结构还有助于培养孩子们在创作时的条理性
和逻辑性。简洁明了的结构要求每一节、每一行都能够准确
地传达诗人的情感或思维。孩子们在创作过程中，通过不断
地遵循这种结构要求，逐渐学会如何在有限的篇幅内完整地
表达自己的思想，这不仅锻炼了他们的写作能力，还有利于
他们养成清晰、简练的表达习惯。结构清晰的诗歌能够帮助
孩子们在有限的空间内，充分地展示自己的情感，避免出现
表达冗长和无序的情况，使作品更加精炼生动。

简单的诗节和押韵方式，能够让孩子们在创作时更加
轻松地把握诗歌的节奏和内容，无须过多地担忧复杂的格式
问题。这种结构设计不仅降低了创作的难度，还极大地增加
了孩子们创作的乐趣。当他们能够顺利地完成一首四行诗
时，所获得的成就感会进一步激励他们继续创作，从而有效
培养他们的写作兴趣和自信心。此外，清晰的结构也有利于
孩子们在朗读和表达时更加流畅自然。简洁的诗节和规律的
韵律，使得诗歌的朗读更具节奏感和韵律美，孩子们在朗诵
时能够更加自如地把握节奏，增强自己的语感和表达能力。

通过朗读和背诵结构清晰的诗歌，孩子们不仅能够深入理解诗歌的含义，还能够全面提升自己的语言表达能力和艺术修养。

（四）形象塑造：修辞添彩，意境丰盈

在小学生的诗歌创作中，巧妙运用比喻、拟人等修辞手法，能够极大地提升诗歌的趣味性和感染力，有效激发孩子们的想象力与创造力。

小学生的语言表达和思维方式往往充满了幻想和童真，这使得他们能够很好地运用修辞手法来丰富诗歌的内涵。比喻作为一种常见且效果显著的修辞手法，通过将描述对象与其他人们熟悉的事物进行类比，能够使诗歌的内容更加形象可感。在描绘大自然时，将太阳比作"金色的火球"，把春风比作"温柔的手"，这样的比喻能够将抽象的事物具象化，让孩子们更容易理解并产生情感共鸣。同时，比喻手法还能启发孩子们在创作中发挥丰富的想象力，促使他们更加细致地观察和思考周围的世界。例如，"月亮像一只小船，在银河里飘荡"，这个比喻不仅生动地展现了月亮的形状，还营造出一种奇幻的意境，使诗歌更具艺术性和表现力。

拟人化修辞手法在小学生诗歌创作中也极为常见。拟人通过赋予无生命的事物以人的特征，使其富有生命力和情

感。小学生在创作过程中运用拟人手法，能够让事物更具亲和力，拉近自己与事物之间的距离。比如，"小草从土里探出脑袋，好奇地张望着世界"，通过将小草拟人化，赋予其"探出脑袋"和"好奇张望"的行为特征，生动地表现了小草生机勃勃的状态，营造出活泼有趣的氛围。拟人手法能够增强孩子们对诗歌内容的情感认同，使诗歌的表达更加细腻生动。

通过比喻和拟人，孩子们能够从多个维度思考身边的事物，不仅仅是简单地观察，而是运用创造性语言将它们转化为富有情感和象征意义的形象。这种语言的转化过程，不仅提升了孩子们的语言运用能力，还激发了他们的创造性思维。例如，他们可以把自己的成长比作"一棵小树慢慢长高"，将友谊比作"春天里的一朵花"，这些形象化的表达既能帮助他们传递情感，又能锻炼他们在诗歌创作中的灵活性与创新能力。

借助生动的比喻和拟人手法，孩子们能够更加真切地感受诗歌所传达的情感。当他们用"雨滴欢快地在屋顶上跳舞"来形容雨滴时，不仅描绘出雨滴落下的动态，还传递出一种欢快愉悦的情感。这种情感的传递并非仅仅停留在文字的表面，而是通过修辞手法深化了诗歌的内涵，使得情感表达更加丰富和动人。

比喻和拟人等修辞手法帮助孩子们突破日常语言的局限，创造出更加富有表现力和感染力的语言形式。形象生动的表达方式能够引导孩子们通过语言构建一个充满想象和情感的世界，让他们在创作的过程中充分体验到语言的魅力和诗歌的强大力量。

（五）情感表达：真挚为本，触动心灵

在小学生诗歌创作中，表达真挚的情感是最为关键的要素之一。真挚的情感不仅能够赋予作品鲜活的生命力，还能帮助孩子们在创作过程中实现自我认知，建立起与诗歌之间深厚的情感纽带。

当孩子们通过诗歌抒发内心真实的情感时，他们不仅能够与自己的内心产生强烈的共鸣，还能深深触动他人，尤其是同龄人，引发情感共振。儿童的情感世界丰富多样且纯真无邪，他们的快乐、忧愁、困惑、喜爱等情感都直接而真实。诗歌为他们提供了一个自由表达这些情感的平台，让他们无须担忧复杂的技巧或过多的修辞。例如，当孩子们在诗歌中写下"我和小伙伴在草地上奔跑，笑声洒满了每个角落"这样的句子时，诗歌所传递的情感真实而纯粹，能够精准地反映出他们与朋友在一起时的欢乐时光。这种真挚的情

感，不仅有助于他们深入认识和理解自己的内心世界，还能使作品更具感染力，触动读者的心灵。

孩子们在创作诗歌时，其情感往往来源于日常生活中的点滴经历，无论是亲情的温暖、友情的珍贵，还是对世界的好奇探索，这些真实的情感都为诗歌注入了生命力。如果诗歌中的情感只是流于表面的装饰，缺乏真挚的内涵，那么即使语言再华丽，诗歌也会显得空洞无力。而当情感真挚时，诗歌就成了一种传递真实情感的有力载体。比如，"妈妈的怀抱，像温暖的港湾，我在里面，安心又舒坦"，这句诗虽然简洁质朴，但真实地表达了孩子对母亲深深的依恋与感激之情。这种情感的表达，既让孩子的内心得到了情感的宣泄，也能使读者在朗读时产生强烈的共鸣。

诗歌创作不仅仅是文字的堆砌，更是一种情感的释放和沟通。当孩子们将内心的真挚情感转化为诗歌时，他们能够切实感受到创作的力量，找到与他人交流的有效途径。在表达自己真实感受的过程中，孩子们能够体会到诗歌的独特魅力，创作过程本身也成为一次宝贵的自我发现之旅。例如，当一个小学生在诗歌中写道"我的梦想像一颗闪耀的星星，照亮我前行的道路"，这种对梦想的表达不仅体现了孩子的真诚与希望，也流露出他们对未来的美好憧憬和对生活的热爱之情。

情感真挚的诗歌具有跨越年龄界限的强大力量，能够引发广泛的共鸣。小学生的情感世界虽然简单，但蕴含着纯真和强大的力量。这种真挚的情感使得他们的作品往往能够触动其他同龄人或成年人内心深处最柔软的部分，因为他们通过诗歌传递的情感，也是我们每个人都曾经历过的那份单纯、那份热烈、那份向往。这种共鸣，正是诗歌最为宝贵的魅力所在。

第六章　想象文写作

第一节　想象文的特点与结构

想象文，从文学范畴来讲，是一种以作者丰富奇特的想象为核心驱动力，构建独特内容与情境的文学体裁。它突破了现实世界的固有框架和常规逻辑，借助文字描绘出一个全新的、只存在于作者脑海或被创造出来的世界。在这个世界里，一切元素都源于作者创造性的思维活动，无论是角色、情节，还是环境设定，都与现实世界有着或大或小的差异。

想象文并非是毫无根据的幻想堆砌，它往往建立在一定的现实基础之上，是作者对现实世界的一种延伸、变形与重新组合。例如，许多科幻想象文虽然描绘了遥远未来人类在星际间穿梭、与外星文明交流的场景，但这些想象离不开当下人类对宇宙探索的成果、对科技发展趋势的预测。像刘慈欣的《三体》，书中的黑暗森林法则、三体文明的生存困境以及人类与之的对抗，都是基于现实中人类对宇宙的认知、对文明发展的思考，通过大胆想象构建而成。

从创作思维角度看，想象文创作是作者运用形象思维、发散思维和创造思维的过程。形象思维使得作者能够在脑海中勾勒出具体可感的画面、角色形象等，将抽象的概念转化为生动的视觉形象。比如，在写一篇关于"糖果王国"的想象文时，作者通过形象思维，脑海中会浮现出用巧克力搭建的城堡、棒棒糖做成的树木、果冻铺成的河流等画面，然后将这些画面用文字呈现出来。发散思维则让作者从一个核心元素出发，向不同方向展开想象。以"假如我有一双翅膀"为例，作者可以从飞行体验、探索未知领域、帮助他人等多个角度进行想象，如飞到高山之巅俯瞰大地、穿越云层探索神秘的天空之城、用翅膀为受灾地区送去物资等。创造思维则体现在作者对全新事物、概念、规则的创造上，在想象文中构建一个独一无二的世界体系。如乔治·R.R. 马丁的《冰与火之歌》，创造了维斯特洛大陆这个独特的世界，有复杂的家族纷争、特殊的魔法元素、不同的地域文化等，这些都是创造思维的结晶。

在小学阶段，想象文对于培养学生的创造力、语言表达能力和思维能力有着至关重要的作用。对于小学生而言，想象文是他们探索世界、表达内心想法的一种重要方式。小学生正处于好奇心旺盛、想象力丰富的阶段，想象文为他们提供了一个自由驰骋的空间。通过创作想象文，他们可以将自己对世界的好奇、对未知的向往、对美好事物的期待融入其中。例如，小学生在写"我变成了一只小鸟"这样的想象文时，会想象自己在天空中自由飞翔的感觉，看到的新奇景色，遇到的有趣事情，在这个过程中，他们的语言表达能力得到锻炼，思维也更加活跃和开阔。

一、想象文的特点

（一）想象的奇幻性

想象文最显著的特点就是其想象的奇幻性。与现实生活的平淡和常规不同，想象文常常创造出令人惊叹、超乎寻常的场景、角色和情节。在想象文中，时间和空间可以被随意扭曲，物体可以拥有神奇的魔力，动物能够像人类一样思考和交流。比如，在《爱丽丝梦游仙境》中，爱丽丝跟随一只揣着怀表、匆匆赶路的兔子掉进了一个神奇的兔子洞，从而进入了一个充满奇幻色彩的世界。在这个世界里，她一会儿变大到身体塞满房间，一会儿又缩小得只有几英寸高；扑克牌士兵们会进行激烈的战斗，柴郡猫能随意消失和出现，还咧着嘴露出神秘的笑容。这种奇幻的想象打破了现实世界的物理定律和常规认知，给读者带来强烈的视觉和思维冲击，让读者沉浸在一个充满惊喜和神秘的世界中。

又比如，J.K. 罗琳创作的《哈利·波特》系列，构建了一个庞大而神奇的魔法世界。在这个世界里，人们可以通过念咒语施展魔法，扫帚可以成为飞行工具，猫头鹰能够传递信件，还有各种神奇的魔法生物，如独角兽、火龙、凤凰等。霍格沃茨魔法学校里，有着会移动的楼梯、神奇的魔法课程、神秘的密室等。这些奇幻元素的组合，创造了一个独一无二的魔法世界，吸引了全球无数读者，充分展现了想象文想象的奇幻性特点。

在小学生的想象文中，也常常能看到这种奇幻性的体现。例如，有小学生写自己穿越到了恐龙时代，与霸王龙、三角龙等恐龙一起玩耍，帮助它们解决食物短缺的问题；还有小学生想象自己拥有了一个神奇的口袋，从里面可以掏出各种能实现愿望的道具，如能让人瞬间到达任何地方的传送器、能让植物快速生长的魔法种子等。这些充满童趣和奇幻色彩的想象，是小学生内心世界丰富想象力的展现。

（二）情节的创新性

想象文的情节往往摆脱了传统故事的套路，具有极高的创新性。它不走寻常路，不依赖常见的情节模式，而是通过作者独特的构思，创造出全新的故事发展脉络。在想象文中，情节的发展可能是基于一个独特的设定或概念展开，这个设定或概念本身就具有创新性，从而带动整个情节走向意想不到的方向。例如，在一部名为《偷影子的人》的小说中，主人公拥有一种特殊的能力——能够偷别人的影子，并通过影子了解别人内心深处的秘密。这个独特的设定为故事的发展提供了无限可能，情节围绕着主人公利用这种能力帮助他人解决内心困扰展开，充满了温情与惊喜，与传统的小说情节大相径庭。

在科幻想象文中，情节的创新性更是常见。比如，电影《星际穿越》，其情节设定在未来地球面临生态危机，人类需要寻找新的家园的背景下。主人公库珀和他的团队穿越虫洞，进入另一个星系，在不同的星球上经历了时间扭曲、黑洞引力等一系列挑战。整个情节充满了对宇宙未知的探索和对科学理论的大胆想象，打破了传统冒险故事的模式，给观众带来前所未有的观影体验。

对于小学生的想象文创作来说，情节的创新性同样重要。教师可以引导学生从日常生活中的小事出发，通过独特的想象将其转化为新颖的情节。比如，以"一次普通的购物经历"为基础，学生可以想象超市里的商品都活了过来，它们为了被顾客选中，纷纷展示自己的独特本领，有的饮料会唱歌，有的玩具会跳舞，从而引发了一系列有趣的故事。这种创新性的情节能够吸引读者的注意力，展现小学生独特的思维方式。

（三）角色的独特性

想象文中的角色通常具有鲜明独特的个性和外貌特征，与现实生活中的人物或常见的文学角色有很大区别。这些角色往往是作者根据想象文的主题和情节需要，全新创造出来的，具有独一无二的特点。在想象文中，角色可以是各种形态，不仅仅局限于人类，还可以是动物、植物、无生命的物体，或者是几种元素的混合体。例如，在《绿野仙踪》中，有稻草人、铁皮人和胆小狮等独特的角色。稻草人没有头脑，一心渴望拥有智慧；铁皮人没有心脏，渴望拥有一颗能感受爱的心；胆小狮外表看似威猛，实则内心胆小懦弱，渴望变得勇敢。他们的个性与外貌特征紧密结合，形象十分鲜明，给读者留下了深刻的印象。

在一些现代的想象文学作品中，角色的独特性更加突出。比如，在《怪物史莱克》中，主角史莱克是一个绿色的、体型庞大的怪物，他性格孤僻但内心善良，生活在一个被人类排斥的沼泽地中。他与传统的英雄形象截然不同，却凭借自己的独特魅力赢得了观众的喜爱。还有《千与千寻》中的无脸男，他没有五官，身体是透明的，能够吞噬周围的一切，通过不断吞噬东西来填补内心的空虚，其独特的形象和神秘的性格成了作品中的一大亮点。

对于小学生创作想象文而言，创造独特的角色能够让他们的作品更加生动有趣。教师可以引导学生从自己的兴趣爱好和奇思妙想出发，创造独特的角色。比如，喜欢画画的学生可以创造一个身体由各种画笔组成的角色，它能够用身体画出任何想要的东西；喜欢音乐的学生可以创造一个耳朵特别大的角色，它能够听到世界上最细微的声音，并将这些声音转化为美妙的音乐。这样的角色既符合小学生的兴趣，又具有独特性，能够为想象文增添魅力。

（四）情感的真挚性

尽管想象文充满了奇幻色彩和创新元素，但其中所蕴含的情感必须是真挚的。想象文不仅仅是为了展示奇幻的世界和有趣的情节，更重要的是通过这些元素传达作者内心深处的情感和价值观。无论是对友情、亲情的歌颂，对勇气、善良的赞美，还是对世界的好奇、对未来的憧憬，这些情感都应该是真实而强烈的，能够引起读者的共鸣。例如，在《夏洛的网》这部儿童文学作品中，蜘蛛夏洛和小猪威尔伯之间深厚的友谊令人感动。夏洛为了拯救威尔伯，在自己的网上织出赞美威尔伯的文字，最终因过度劳累而死去。虽然故事发生在一个农场的动物世界里，充满了想象元素，但其中所表达的友情的珍贵和无私奉献的精神，深深触动了读者的心灵，让读者感受到了真挚情感的力量。

在许多优秀的科幻想象文中，也常常蕴含着对人类命运、社会问题的深刻思考和真挚情感。比如，在一些关于未来世界环境恶化的想象作品中，作者通过描绘荒芜的地球、资源枯竭的景象，表达了对现实环境问题的担忧以及对人类未来的关切之情。这些情感并非空洞的说教，而是通过生动的故事和想象的场景自然而然地流露出来，让读者在阅读的过程中产生强烈的情感共鸣。

对于小学生的想象文创作，教师要引导学生将自己真实的情感融入其中。比如，在写"我和我的外星朋友"这样的想象文时，学生可以通过描述与外星朋友一起玩耍、互相帮助的情节，表达对友情的渴望和珍惜；在写"未来的家园"时，可以通过描绘家园的美好景象，表达对美好生活的向往之情。只有情感真挚，想象文才能具有感染力，打动读者。

（五）语言的生动性

为了更好地展现想象文中奇幻的世界、独特的角色和精彩的情节，语言的生动性至关重要。想象文的语言需要具有丰富的表现力，能够让读者在脑海中清晰地勾勒出作者所描绘的画面，感受到其中的氛围和情感。为了达到这一目的，作者常常运用各种修辞手法，如比喻、拟人、夸张、排比等。比喻可以使抽象的事物变得具体形象，如"他的眼睛像夜空中闪烁的星星"，让读者能够直观地感受到眼睛的明亮。拟人则赋予无生命的物体或动物以人的情感和行为，使它们更加鲜活，如"风儿轻轻地抚摸着我的脸"，让读者感受到风的轻柔。夸张能够增强表达效果，突出事物的特点，如"他高兴得一蹦三尺高"，生动地表现出人物的喜悦之情。排比则能增强语言的节奏感和气势，如"爱心是一片照射在冬日的阳光，使贫病交迫的人感到人间的温暖；爱心是一泓出现在沙漠里的泉水，使濒临绝境的人重新看到生活的希望；爱心是一首飘荡在夜空的歌谣，使孤苦无依的人获得心灵的慰藉"。

除了修辞手法，想象文的语言还注重用词的精准和形象。作者会选择那些能够准确传达画面和情感的词语，让读者产生身临其境的感觉。比如，在描写一个神秘的森林时，用"幽暗的""静谧的""弥漫着雾气的"等词语，能够营造出神秘的氛围；在描写一个活泼的小精灵时，用"轻盈地飞舞""欢快地歌唱""灵动的双眼"等词语，能够生动地展现小精灵的形象。

在小学生的想象文创作中，教师要鼓励学生大胆运用各种修辞手法和生动的词语。例如，在写"春天的花园"时，学生可以用"花朵像一群五彩斑斓的蝴蝶，在微风中翩翩起舞"来形容花朵的美丽和灵动；用"小草从土里探出嫩绿的脑袋，好奇地张望着这个新奇的世界"来描绘小草的生机勃勃。通过这样的语言表达，能够让小学生的想象文更加生动有趣，富有感染力。

二、想象文的结构

（一）开头：构建奇幻世界的入口

1. 悬念引入

通过设置一个引人入胜的悬念，瞬间抓住读者好奇心，将其引入想象世界。例如，在科幻小说《三体》的开头，科学家汪淼眼前不断出现神秘倒计时数字，这一悬念如磁石般吸引读者，促使他们跟随主角探寻倒计时背后隐藏的惊天秘密，从而自然进入三体世界的宏大叙事。这种开头方式能迅速激发读者阅读兴趣，使其迫切想知道后续发展，为整个故事奠定紧张刺激的基调。

2. 环境渲染

细腻描绘想象世界独特的环境氛围，让读者身临其境感受奇幻气息。在奇幻小说《指环王》开篇，作者托尔金用大量笔墨描绘夏尔地区宁静祥和又充满奇幻色彩的田园风光，霍比特人的温馨小屋、郁郁葱葱的草地与古老森林，为后续宏大冒险故事搭建起充满奇幻魅力的舞台。读者在优美环境描写中逐渐融入这个虚构世界，对即将展开的冒险充满期待，环境渲染成为带领读者走进想象世界的有力引导。

3. 角色登场

以独特角色的出场作为开头，通过对角色外貌、性格或特殊能力的展现，引发读者对角色命运的关注，进而进入故事。如在童话《爱丽丝梦游仙境》中，小女孩爱丽丝在河边看到一只揣着怀表、匆匆忙忙的兔子，出于好奇跟随兔子钻进树洞，由此开启奇妙冒险。爱丽丝的好奇心与兔子的神秘形象瞬间抓住读者眼球，借角色行动自然引出想象世界，使读者跟随爱丽丝一同探索未知。

（二）中间：丰富想象世界的主体

1. 情节发展

主线推进：围绕核心冲突构建清晰连贯的主线情节，推动故事不断发展。在冒险类想象文《海底两万里》中，阿龙纳斯教授等人在追捕神秘"海怪"过程中，意外登上"鹦鹉螺号"潜艇，跟随尼摩船长展开海底两万里环球探险。从探索海底森林、遭遇土著围攻到与巨型章鱼搏斗，一系列冒险情节围绕主角团探索神秘海底世界与应对各种危机这一主线层层递进，使故事紧凑且富有张力，吸引读者持续关注主角命运与故事走向。

支线补充：设置多条支线情节，丰富故事内容与层次。以《哈利·波特》系列为例，除哈利对抗伏地魔的主线外，还有赫敏组织家养小精灵权益保护协会、魁地奇比赛等支线情节。这些支线不仅展现魔法世界丰富多样的生活侧面，还为主线情节提供辅助与补充，如魁地奇比赛培养哈利团队协作能力与勇气，对其成长及最终对抗伏地魔产生影响，支线与主线相互交织，共同构建出宏大饱满的魔法世界故事体系。

2. 角色塑造

成长弧光：注重角色在故事中的成长变化，使其性格、能力随情节发展逐渐成熟。在《火影忍者》中，鸣人从一个被村子排斥、调皮捣蛋的忍者学校学生，历经无数次战斗与挫折，逐渐掌握强大忍术，赢得同伴认可与尊重，成长为守护木叶村的英雄。这种成长弧光让角色形象立体丰满，读者在见证角色成长过程中产生强烈情感共鸣，增强对故事的代入感。

性格碰撞：塑造多个性格鲜明且相互对立或互补的角

色，通过他们之间的互动与冲突展现人性复杂。在小说《三国演义》中，诸葛亮的足智多谋、关羽的忠义高傲、张飞的鲁莽直率，不同性格角色在乱世纷争中碰撞出激烈火花，演绎出无数精彩故事。这种性格碰撞不仅丰富角色形象，还推动情节发展，使故事充满戏剧性与张力。

3. 设定展现

规则阐释：逐步揭示想象世界的运行规则，让读者理解这个世界的独特之处。在《神奇动物在哪里》系列中，随着主角纽特·斯卡曼德的冒险，魔法世界关于神奇动物的分类、魔法咒语的使用规则、魔法部的管理体系等设定被一一呈现。读者在跟随主角经历故事的过程中，逐渐熟悉并接受这个魔法动物世界的规则，使整个想象世界在读者心中建立起清晰框架。

细节描绘：通过丰富细节展现想象世界的独特风貌，增强世界真实感。在《魔戒》系列中，对中土世界各个种族的服饰、建筑、语言等细节细致入微的描绘，如精灵族精美的服饰、宏伟的瑞文戴尔建筑、独特的精灵语，使中土世界栩栩如生地呈现在读者眼前。这些细节如同拼图碎片，拼凑出一个完整且令人信服的想象世界，让读者沉浸其中，感受其独特魅力。

（三）结尾：为想象世界画上独特句号

开放式结局：留下悬念或未解决的问题，让读者自行想象故事后续发展，引发深度思考。如电影《盗梦空间》结尾，主角柯布完成任务回到美国，影片最后陀螺是否停止转动并未明确给出答案，暗示现实与梦境界限模糊，留给观众无尽遐想空间。这种开放式结局激发观众讨论热情，促使他们从不同角度解读故事，使作品在观众心中留下深刻印象，且具有持久生命力。

圆满式结局：故事中所有矛盾冲突得到解决，主要角色达成目标，给读者带来情感满足与心灵慰藉。在童话《灰姑娘》的结尾，灰姑娘与王子幸福地生活在一起，继母和姐姐们得到应有的惩罚，整个故事以皆大欢喜的圆满结局收尾。这种结局符合大多数读者对美好事物的向往，让读者在阅读结束后感受到温暖与希望，在情感上获得愉悦体验，对作品留下美好印象。

反转式结局：在故事结尾处突然出现意想不到的转折，颠覆读者之前认知，带来强烈震撼效果。如欧·亨利的短篇小说《麦琪的礼物》，夫妻双方为给对方买圣诞礼物，妻子卖掉美丽长发为丈夫买表链，丈夫却卖掉祖传金表为妻子买发梳。结尾处这种意外反转，既展现夫妻间深沉真挚的爱，又让读者在惊讶之余对人性美好与生活无奈有更深刻感悟，使故事在结尾处达到情感与思想的高潮。

想象文以其超越现实的创新性、独特虚构性、深刻情感表达及逻辑自洽性，构建出无数令人惊叹的奇幻世界。而合理精妙的结构，从引人入胜的开头、丰富饱满的中间到意味深长的结尾，如同精心搭建的舞台，为想象世界的精彩呈现提供坚实支撑。无论是创作者还是读者，深入理解想象文的特点与结构，都能更好地在这片充满无限可能的文学天地中遨游。创作者可借此创作出更多震撼心灵、启迪思想的佳作，读者则能更深入领略想象文独特魅力，感受人类想象力创造的奇迹，让想象文这一文学瑰宝在不断传承与创新中绽放更加绚烂的光彩。

想象文作为文学创作中一颗璀璨的明珠。无论是在培养小学生的创造力和思维能力方面，还是在为读者带来奇妙的阅读体验方面，想象文都具有不可替代的价值。了解想象文的特点和结构，对于教师指导学生创作想象文、学生提升自己的写作水平有着重要的意义。

第二节　想象文写作技巧

想象文对小学生意义非凡。小学生思维天马行空，创作想象文可进一步拓展他们的创新思维。比如，在构思"假如动物会飞"这类主题时，小学生能突破常规认知，设想小鸟般的大象、翱翔天际的乌龟，极大锻炼发散性思维。写作时，为了描绘奇幻场景，他们需学习运用丰富词汇，像用"熠熠生辉"形容神秘城堡，借比喻把月亮比作"银色小船"，用拟人赋予星星"眨眼睛"的动作，从而提升语言表达能力。同时，小学生将内心对世界的好奇、对美好的憧憬融入其中，让情感体验得以深化。

老师在日常教授想象文时，要注意从以下几个方面对学生进行培养。

一、激发想象灵感

（一）从兴趣爱好挖掘

小学生对世界充满好奇，兴趣爱好广泛。若孩子痴迷于太空探索，教师或家长可引导其想象自己成为宇航员，驾驶超光速飞船，在银河系中穿梭，遭遇神秘外星文明的场景。比如，想象外星文明的生物形态奇特，可能拥有透明身体，内脏器官闪烁着奇异光芒，它们交流不用声音，而是通过触角发出的彩色光线传递信息。若是钟情于动物，不妨鼓励孩子幻想自己能与动物对话，了解它们的喜怒哀乐。如与森林中的小鹿交流，得知它们如何在危险四伏的环境中寻找食物、躲避天敌，从而展开一段有趣的动物王国冒险。

（二）借助生活经历拓展

生活中的点滴都是想象的源泉。一次难忘的海边旅行，看到波涛汹涌的海浪、形态各异的贝壳，孩子可以想象贝壳是大海精灵的住所，当海浪涌起，便是精灵们在举行盛大舞会。或者以日常的校园生活为蓝本，想象教室变成了巨大的游乐场，桌椅能变成滑梯、秋千，同学们在课间尽情玩耍，打破常规校园的沉闷，创造出充满欢乐的校园奇景。通过对生活经历的变形与拓展，让想象在熟悉的场景中生根发芽。

（三）依托阅读素材启发

阅读各类童话、科幻故事能为孩子打开想象的大门。读完《绿野仙踪》，孩子可能会思考：如果自己也身处那个神奇的奥兹国，会选择和多萝西一起冒险，还是独自探索未知区域？也许会想象在翡翠城之外，还有一座由彩虹搭建的城市，那里的居民都是会发光的小精灵，它们用彩虹的颜色编织出梦幻的衣裳。教师和家长可引导孩子在阅读后进行故事续写、角色改写等活动，促使孩子借鉴书中的想象元素，创造属于自己的故事。

二、构建想象框架

（一）确定故事主题

明确一个清晰的主题是想象文的核心。主题可以是关于勇敢探索未知，如"我在神秘海底洞穴的冒险"；可以是对美好友情的歌颂，像"我和外星朋友的奇幻之旅"；也可以是对未来世界的憧憬，如"20年后的智能校园生活"。主题如同灯塔，为整个想象故事指引方向，让孩子在创作过程中有明确的目标，避免内容杂乱无章。

（二）设计主要角色

想象文中的角色要鲜明独特。以"森林守护者小精灵"主题为例，小精灵的外貌可以设计为身体如拇指般大小，翅膀是透明的，上面闪烁着七彩光芒，头发是细长的藤蔓，眼睛如同两颗碧绿的宝石。性格设定为勇敢无畏，对森林中的一切充满热爱和责任感。还可以添加一个配角，如一只胆小但善良的小松鼠，它与小精灵一起守护森林，在冒险过程中，小松鼠的胆小常常引发有趣的情节，而小精灵的勇敢则不断感染着小松鼠，促使它逐渐变得勇敢，通过角色之间的互动推动故事发展。

（三）规划情节脉络

构建情节时要有起有伏。比如，写"时空穿越拯救恐龙"的故事，开头可以是主人公意外发现一个神秘的时光隧道，好奇心驱使他踏入其中，这是故事的开端，引发读者的兴趣。接着，主人公穿越到恐龙时代，遭遇了凶猛的霸王龙，陷入危险，这是冲突的产生。随后，主人公结识了一只友善的三角龙，在三角龙的帮助下，他逐渐了解恐龙时代的生态环境，同时发现恐龙们面临着一场巨大的灾难——火山即将爆发。主人公决定利用自己的智慧和现代知识，帮助恐龙们躲避灾难，这是情节的发展与转折。最后，主人公成功拯救了部分恐龙，带着美好的回忆穿越回现代，故事达到高潮并收尾，给读者留下深刻印象。

三、丰富想象细节

（一）环境描写细致入微

在描绘想象中的环境时，要让读者有身临其境之感。如写"魔法花园"，可以这样描述：花园的大门是用巨大的向日葵花瓣拼接而成，每一片花瓣都闪烁着金色的光芒。走进花园，脚下是柔软如绒毯的草地，草地上点缀着星星点点的蓝色小花，它们散发着淡淡的甜香，吸引着五彩斑斓的蝴蝶翩翩起舞。花园中央有一座喷泉，喷泉里喷出的不是水，而是晶莹剔透的彩色泡泡，泡泡在空中飘荡，折射出迷人的光彩，仿佛将整个花园装点成了一个梦幻的世界。通过对花园大门、草地、小花、喷泉等细节的刻画，营造出一个充满魔法氛围的环境。

（二）角色行为生动呈现

角色的行为要符合其性格特点。以"超级飞侠"为原型想象一个新角色"极速精灵"，它性格活泼好动，行动迅速。当它得知有小朋友遇到困难时，"极速精灵瞬间从云端俯冲而下，身体如同流星般划过天际，眨眼间就来到了小朋友身边。它那透明的翅膀快速扇动，带起一阵微风，吹得周围的树叶沙沙作响。它用清脆响亮的声音说道：'别担心，我来帮你啦！'"通过对极速精灵飞行、说话等行为的细致描写，生动展现出它活泼、热心的性格。

（三）对话内容贴合角色

角色之间的对话是展现性格和推动情节的重要手段。比如，在"校园魔法课堂"的故事中，有一位严厉的魔法老师和一个调皮的学生。老师皱着眉头，严肃地说："今天的魔法咒语非常重要，大家一定要认真学习，不许偷懒！"调皮的学生则笑嘻嘻地回应："老师，这么简单的咒语，我肯定一下子就能学会，说不定还能创造出更厉害的魔法呢！"老师和学生截然不同的语言风格，既体现了他们各自的性格，又为故事增添了趣味性，让读者仿佛置身于这个充满活力的魔法课堂之中。

四、运用写作技巧

（一）巧用修辞手法

比喻：能让抽象的事物变得具体形象。在描写"未来城市的飞行汽车"时，可以说"飞行汽车如同银色的飞鸟，在天空中轻盈地穿梭，它们闪烁的灯光像夜空中璀璨的星星"，将飞行汽车比作飞鸟和星星，让读者清晰地想象出汽车的外形和飞行状态。

拟人：赋予无生命的物体以人的情感和行为。如"古老的城堡在月光下静静地沉睡，它那厚重的大门仿佛在诉说着过去的故事"，城堡本无生命，通过拟人手法，让城堡有了沉睡和诉说故事的行为，使城堡的形象更加生动，充满神秘色彩。

夸张：增强表达效果，突出事物特点。描述"贪吃的小怪兽"时，"小怪兽的嘴巴大得能吞下一座小山，它一口气就能把整个糖果店的糖果吃得一干二净"，通过夸张小怪兽嘴巴的大小和食量，让小怪兽贪吃的形象跃然纸上。

（二）制造情节冲突

情节冲突能让故事更具吸引力。在"神秘岛屿探险"的故事中，主人公们在岛屿上寻找传说中的宝藏，却遇到了重重困难。比如，他们遭遇了一场突如其来的暴风雨，狂风将他们的船只摧毁，食物和淡水也所剩无几。同时，岛上还隐藏着一些危险的野兽，时刻威胁着他们的生命安全。这些冲突使得故事充满紧张感，读者会迫不及待地想知道主人公们将如何克服困难，找到宝藏。

（三）设置悬念伏笔

悬念能激发读者的好奇心。在"神秘的地下室"故事开头，可以写道："小明家的地下室总是传来奇怪的声音，每当夜深人静时，那声音就像有人在低声哭泣，小明一直很好奇地下室里到底藏着什么秘密。"这样的悬念让读者想要继续阅读，探寻地下室的秘密。伏笔则为后续情节发展埋下线索，如在故事中提到小明在地下室门口捡到了一把生锈的钥匙，看似无关紧要，实则可能是打开地下室某个重要宝箱的关键道具，在后续情节中发挥重要作用，使故事更加连贯、精彩。

五、完善写作过程

（一）初稿创作大胆下笔

在创作初稿时，鼓励孩子不要过于在意语法错误和逻辑漏洞，先将脑海中的想象尽情地用文字表达出来。就像画画一样，先勾勒出大致轮廓，再进行细节描绘。比如，写"我是小小魔法师"的故事，孩子可能一开始只是简单地罗列自己会施展的魔法，如"我能让花儿瞬间开放，能让石头变成面包，还能让自己飞起来"，虽然语句简单，但这是想象的初步呈现，为后续完善提供了基础。

（二）自我检查修正错误

完成初稿后，引导孩子进行自我检查。从语法、拼写错误入手，检查是否有语句不通顺、字词写错的情况。同时，审视故事的逻辑是否合理，角色行为是否前后一致。例如，故事中前面描述主人公害怕黑暗，后面却突然独自在黑暗的森林中探险，这就存在逻辑矛盾，需要进行修改，使故事更加合理、完善。

（三）寻求他人反馈优化

让孩子将自己的想象文读给同学、老师或家长听，听取他们的意见和建议。他人可能会从不同角度发现故事中的问题，如情节不够紧凑、角色形象不够鲜明等。根据反馈，孩子可以对文章进行进一步优化。比如，同学提出故事中的反派角色不够邪恶，孩子就可以增加一些描写反派恶劣行为的情节，如"反派魔法师为了抢夺魔法宝石，不惜破坏整个村庄，让村民们无家可归"，从而使反派角色更加立体，故事也更具张力。

想象文创作是一个充满乐趣和挑战的过程，对于小学生来说，它是培养创造力和语言表达能力的重要途径。通过以上步骤和方法，孩子们能够逐步掌握想象文写作技巧，在想象的世界中自由翱翔，创作出一篇篇精彩绝伦的想象佳作。

后　记

　　在学习了本书所囊括的各类写作类型与技巧后，相信读者已积累起颇为丰富的写作知识与经验。写作，是一门需持续练习方能精进的技能。本书提供了大量练习及细致指导，助力读者扎实掌握写作基础，熟练运用写作技巧。

　　在教学起始阶段，激发学生的写作兴趣至关重要。可选取契合学生年龄层次与兴趣爱好的话题或主题，引导他们参与写作。教师不妨鼓励学生分享自身经历、讲述喜爱的故事，或是记录对自然、动物、家庭的观察与感悟。同时，借助绘本、图片、音乐等多元形式，启迪学生思维，点燃他们的创作灵感。让学生真切体会到写作的乐趣与价值，以此培育他们持续学习写作的内在动力。

　　当学生对写作萌生兴趣后，传授基础写作技巧便成为教学重点。这涵盖如何构思文章框架、梳理思维脉络，以及怎样选用恰当词汇与句式精准表达观点。教师可通过示范、讲解、练习等多样教学手段，助力学生掌握这些技巧。例如，展示优秀范文，开展专项写作练习，组织关于句子结构、词汇选用的讨论，帮助学生理解并内化写作的基本要素。如此，学生便能循序渐进提升写作水平，创作出更为丰富、生动的作品。

学生进行写作时，及时给予反馈与鼓励不可或缺。教师可通过对学生作品进行全面评价与悉心指导来达成这一目标。针对写作内容、结构布局、语法运用等方面，为学生提供具体可行的建议与改进方向，同时激励学生大胆尝试、勇敢表达。此外，教师还可组织同学间的互评活动，使学生学会欣赏、尊重他人作品，从中汲取灵感，获取进步契机。借助积极有效的反馈与鼓励，充分激发学生的写作热情，助力他们不断提升写作能力。

写作，是一项极具价值的活动。它不仅能显著提升我们的语言表达与思维能力，还能帮助我们留存生活中的珍贵点滴，展现个人独特个性。在后续学习进程中，让我们一同畅享写作乐趣，持续提升写作水平，尽情展现自身独特魅力。